E. DE NAJAC, & P. BURANI

LE
ROI MALGRÉ LUI

OPÉRA-COMIQUE EN TROIS ACTES

(D'APRÈS UNE PIÈCE D'ANCELOT)

MUSIQUE DE 1886

EMMANUEL CHABRIER

PARIS
LIBRAIRIE THÉATRALE

14, RUE DE GRAMMONT, 14

—

1887

LE

ROI MALGRÉ LUI

OPÉRA-COMIQUE 18 86

Représenté pour la première fois, à Paris, sur le théâtre national de l'Opéra-Comique,
le 18 mai 1887.

IMPRIMERIE GÉNÉRALE DE CHATILLON-SUR-SEINE. — A. PICHAT.

E. DE NAJAC ET P. BURANI

LE

ROI MALGRÉ LUI

OPÉRA-COMIQUE EN TROIS ACTES

(D'APRÈS UNE PIÈCE D'ANCELOT)

MUSIQUE DE M.

EMMANUEL CHABRIER

PARIS

LIBRAIRIE THÉATRALE

14, RUE DE GRAMMONT, 14

—

1887

Tous droits réservés.

PERSONNAGES

HENRI DE VALOIS.	MM.	Bouvet.
LE COMTE DE NANGIS		Delaquerrière.
LE DUC DE FRITELLI		Fugère.
LE MARQUIS DE VILLEQUIER		Balanqué.
LASKI, grand palatin		Thierry.
LE COMTE DE CAYLUS.		Troy.
LIANCOURT.		Caisso.
ELBEUF.		Michard.
MAUGIRON		Collin.
BASILE, aubergiste		Barnolt.
UN SOLDAT.		Camboy.
MINKA, esclave de Laski.	Mmes	Adèle Isaac.
ALEXINA, duchesse de Fritelli		Cécile Mézéray.

JEUNES ESCLAVES. . . . .
{ Esposito.
Balanqué.
Mary.
Barria.
Nardy.

SEIGNEURS FRANÇAIS, SOLDATS, DAMES ET SEIGNEURS POLONAIS,
SERFS ET SERVES, GENS DU PEUPLE.

———

Cracovie 1574.

Pour la mise en scène exacte s'adresser à M. Charles Ponsard, directeur de la scène, à l'Opéra-Comique.

S'adresser pour la partition, l'orchestration et le droit de représentation en France et à l'étranger, etc., à MM. Enoch frères et Costallat, éditeurs de musique, 27, Boulevard des Italiens.

LE
ROI MALGRÉ LUI

ACTE PREMIER

Une terrasse, en jardin d'hiver, dans un château près de Cracovie. — A droite, un corps de bâtiment avec deux portes. — A gauche, idem. — Entre ces deux corps de bâtiment et le fond, des allées de jardin en perspective et par lesquelles on peut venir des coulisses. — Au fond, une fenêtre dans le vitrail de la serre. — A l'horizon, la campagne. — Au premier plan, tables et fauteuils à gauche et à droite.

SCÈNE PREMIÈRE

VILLEQUIER, CAYLUS, LIANCOURT, ELBEUF, MAUGIRON, SEIGNEURS FRANÇAIS, PAGES, puis NANGIS, puis DES SOLDATS.

INTRODUCTION.

Caylus et Liancourt, assis à une table, jouent aux dés. Les autres seigneurs les entourent et s'intéressent à leur partie. Quelques-uns jouent au bilboquet.

CAYLUS.

Cinq.

1

LIANCOURT.

Trois.

CAYLUS.

J'ai gagné !

LIANCOURT.

J'ai perdu

Je te fais le double.

CAYLUS.

Entendu.

TOUS LES SEIGNEURS.

A nous voir, nous, gentilshommes,
Tous français, jouer gaiement,
Peut-on dire que nous sommes
En Pologne ? Non, vraiment !
Selon toute apparence,
Chacun se dit, je croi :
Je suis encore en France,
Au Louvre, au jeu du roi.

La partie continue.

MAUGIRON.

Hélas ! du duc d'Anjou, voilà l'idée amère :
Avoir quitté Paris, cela le rend martyr.
Il voudrait bien céder sa couronne et partir...
Mais nous veillons sur lui, c'est l'ordre de sa mère !

LIANCOURT, lançant les dés.

Huit.

CAYLUS, de même.

Sept.

LIANCOURT.

J'ai gagné !

CAYLUS.

J'ai perdu !

Je te fais le triple !...

LIANCOURT.

Entendu.

REPRISE DE L'ENSEMBLE.

A nous voir, nous, gentilshommes,
Eto.

NANGIS, paraissant au fond.

Salut, messieurs!

TOUS

Nangis!

CAYLUS, se levant.

J'ai gagné!

LIANCOURT, de même.

J'ai perdu!

VILLEQUIER, à Nangis.

Depuis huit jours, Nangis est attendu.

NANGIS.

AIR :

Huit jours, mort de ma vie,
Mais, ce n'est pas longtemps!
Fait-on, en deux instants
Le tour de Cracovie
Et de ses habitants?

J'ai vu beaucoup de villes,
Mais nulle encor, messieurs,
Ne contrista mes yeux
De façons moins civiles
Sous de plus vilains cieux.

La neige, en avalanches,
Me suivait où j'allais,
En dansant des ballets

Près des maisons en planches
Et d'arbres en balais.

Mais le nouveau me tente,
Et j'étais tout joyeux
Qu'on me jetât des clous
Cette neige éclatante
Comme une poudre aux yeux!

D'ailleurs, drôle d'espèce,
Que ces bons Polonais!
Qui, si je m'y connais,
Sous leur fourrure épaisse,
Ont l'air de gros bonnets.

Qu'importe l'avalanche,
A leurs sens aguerris!
Ils n'en sont pas aigris;
Car, si la ville est blanche,
Les Polonais sont gris.

Enfin, dans cette ville,
Où s'égaraient mes pas,
Sans plaisir, sans appas,
Ridicule, incivile,
Je ne m'ennuyais pas!

Sans rien qui la décore,
Ce fut pour moi, huit jours,
Le plus gai des séjours!
Tant que, j'en rêve encore,
Assez... pour y rêver toujours! ..

VILLEQUIER.

Rêver est fort bien, mais agir était plus sage,
Et je t'avais chargé d'un important message;
Recruter des soldats pour la garde du roi.

NANGIS.

Sans effroi,
Pleins d'audace,
Ils sont là, sur la place.

TOUS.

Qui donc les enrôla?

NANGIS.

C'est moi! Veut-on les voir?

TOUS.

Fais-les venir.

NANGIS, appelant au fond.

Holà!

Entrent, par le fond, des soldats.

CHŒUR DES SOLDATS.

Solides, fidèles,
Au roi nous jurons d'obéir,
Et soldats modéles,
Aucun n'est prêt à le trahir.
Dans les périls de la guerre,
Dans les douceurs de la paix,
Comme nous on n'en voit guère,
A trois poils sont nos toupets!
Solides, fidèles,
Etc.

VILLEQUIER.

Caylus, tu vas les conduire à leur gîte,
Qu'on les exerce et qu'ils soient imposants!
L'archiduc a, dit-on, de nombreux partisans.
Il faut lui faire peur avant qu'il ne s'agite.

NANGIS.

Baste! Henri de Valois régnera sûrement.
C'est demain qu'on assiste à son couronnement.

TOUS LES SEIGNEURS.

Vive le roi de Pologne!

En prince il fit sa besogne
A Jarnac, à Moncontour.
Il va régner à son tour.
Il séduit autant qu'il cogne,
Il sera brave et charmant.
Fêtons son avénement :
Vive le roi de Pologne!

REPRISE DE L'ENSEMBLE AVEC LES SOLDATS.

Sortie de Caylus et des soldats. — Fin de l'introduction.

SCÈNE II

VILLEQUIER, NANGIS, MAUGIRON, LIANCOURT, ELBEUF, Les Seigneurs, puis LE DUC DE FRITELLI.

VILLEQUIER.

Tous mes compliments, Nangis! Tu n'as pas perdu tes huit jours passés à Cracovie et tu nous as recruté là de vaillants serviteurs.

NANGIS.

Oh! cela n'a été ni long ni difficile. Les soudards et les gens du peuple sont assez bien disposés pour Henri de Valois.

MAUGIRON.

Alors tu as eu du temps de reste pour gagner aussi à sa cause quelques représentants de la noblesse?

NANGIS.

Ce n'est pas, en effet, le temps qui m'a manqué.

LIANCOURT.

Quoi donc alors?

NANGIS.

Les représentants de la noblesse. Imaginez-vous que je n'ai pas pu en voir un seul pendant ces huit jours.

VILLEQUIER.

Diable! Ils tiennent donc décidément pour l'archiduc d'Autriche?

NANGIS.

Oh! très décidément. Leur chef, le grand palatin Albert Laski, auprès de qui j'avais une lettre d'introduction, n'a pas seulement attendu l'honneur de ma visite. Il était à la campagne exprès pour m'éviter.

MAUGIRON.

Pourquoi donc, si mal accueilli, es-tu resté si longtemps là-bas, quand tu n'avais que deux lieues à faire pour venir nous retrouver?...

NANGIS, embarrassé.

Mais... le service du roi!... La garde à recruter...

LIANCOURT, riant.

Et quelque jolie fille à apprivoiser.

TOUS, riant.

Pardieu!

VILLEQUIER.

Messieurs, messieurs, Nangis a des choses plus graves à nous apprendre. Revenons au comte Albert Laski. (A Nangis.) Il a quitté Cracovie, dis-tu?

NANGIS.

Il avait quitté... car j'ai tout lieu de croire qu'il y est revenu aujourd'hui même, après avoir été, de château en château, soulever toute la noblesse.

LIANCOURT.

Vraiment!

VILLEQUIER.

Diable! Voilà qui s'annonce mal pour la journée de demain!

TOUS.

En effet!

MAUGIRON, à Villequier.

Heureusement que, pour déjouer tout complot, grâce à vos soins, monsieur de Villequier, personne ne connaît encore le visage du roi.

VILLEQUIER.

Oui, messieurs, ne l'oubliez pas; jusqu'à notre entrée à Cracovie, il faut que Sa Majesté garde le plus strict incognito : c'est la consigne absolue.

NANGIS.

Nous ne l'oublierons pas, ne craignez rien !

Un silence, pendant lequel est entré Fritelli.

FRITELLI, à part.

Per Bacco! Ils sont bien silencieux pour des Français! Se douteraient-ils de quelque chose?... (Haut.) Messieurs!

VILLEQUIER.

Monsieur le duc de Fritelli!

NANGIS, ironiquement.

Monsieur le Chambellan!

FRITELLI.

Humble chambellan, monsieur de Nangis! Simple chambellan! Rien que chambellan!

NANGIS.

Comment! Rien que chambellan! Et vous n'êtes pas satisfait, mon cher duc? Chambellan d'un fils de France et roi de Pologne, vous qui n'êtes ni français ni...

FRITELLI.

Ni même polonais, c'est vrai, monsieur de Nangis. Mà, italien, comme votre auguste reine, madame Catherine de Médicis... Mà, pardon! quand je suis entré, j'ai interrompu... votre silence. Continuez, messieurs, continuez à vous taire, je passe.

VILLEQUIER, le retenant.

Un instant, mon cher duc. Vous le connaissez beaucoup, vous, le comte Albert Laski?

FRITELLI.

Moi? (A part.) Diavolo! sauraient-ils que c'est l'oncle de
ma femme? (Haut.) Si je connais le comte?... Non! pas du
tout.

NANGIS.

Pas du tout? Du tout?

FRITELLI.

Si! si! un peu!... c'est-à-dire... Oh! si peu!... Des rela-
tions... vagues, avec... quelques membres de sa famille,
qui, à la suite de la dernière guerre, étaient proscrits à
Venise, ma ville natale... Mà, pardon... Il faut que je
parle à Sa Majesté. Toujours triste, Sa Majesté?

VILLEQUIER.

Toujours!

FRITELLI.

Le mal du pays!

LIANCOURT.

Oui, le roi ne peut se consoler d'avoir quitté la France.

NANGIS.

Ah! Si les Polonais ne l'aiment guère, Sa Majesté le
leur rend bien.

FRITELLI.

Eh! que voulez-vous, mon cher monsieur de Nangis?
Gens du Nord, gens du Midi, cela ne va jamais bien ensemble.

I

Le Polonais est triste et grave,
A son climat il est pareil.

1.

Le Français est joyeux et brave
Sous un ciel où rit le soleil.
Le Polonais, d'un œil farouche,
Hors du devoir ne veut rien voir.
Le Français, fils du gai savoir,
N'a que des refrains à la bouche.
Voilà pourquoi le Polonais
     Au Français
     Ne peut plaire ;
Voilà pourquoi le gai Français
     Ne plaît guère
     Au Polonais.

II

Le Polonais, quand on l'outrage,
Par la rancune est tout miné.
Le Français plus vif, mais sans rage,
N'y pense plus, le dos tourné.
Ici, rubans, dentelle et linge,
Là-bas, fourrures d'animaux !
Bref ! on peut les peindre en deux mots :
L'un est un ours et l'autre... un singe.
Voilà pourquoi le Polonais,
     Etc.

(Parlé.) Mà, pardon, encore une fois ! Je m'attarde, je
bavarde et j'oublie le service du roi. En votre qualité de
grand maître des cérémonies, monsieur de Villequier,
vous m'avez chargé de régler la marche du cortége pour
le couronnement. Vous plairait-il de venir avec moi le
zoumettre à Sa Majesté ?

VILLEQUIER.

C'est vrai. Allons ! Veuillez me suivre, monsieur le
chambellan.

Il sort.

FRITELLI, le suivant, à part.

Oui, rien que chambellan! Et lui, grand maître des cérémonies! Ah! ces Français, quels intrigants!... Et quels bavards!... Et quels bavards!

SCÈNE III

LES MÊMES, moins VILLEQUIER et FRITELLI.

LIANCOURT.

Dis donc, Nangis, maintenant que Villequier n'est plus là, le sévère Villequier, si tu nous disais la vérité sur tes fredaines à Cracovie.

NANGIS.

Mes fredaines?

MAUGIRON.

Eh! oui. Espères-tu donc nous faire croire, à nous, que tu es resté là-bas si longtemps sans y être retenu? Voyons, sois franc!

NANGIS.

Eh bien! oui, curieux que vous êtes!

ELBEUF.

Qu'est-ce que je disais?

TOUS, riant.

Ah! ah!

NANGIS.

Oh! moquez-vous de moi, si vous le voulez. Oui, c'est vrai, Nangis est amoureux. Mais pas comme vous le croyez, je vous le jure! Il ne s'agit pas là d'une de ces intrigues auxquelles nous sommes habitués et dont on connaît d'avance toutes les péripéties. Non! Imaginez-

vous une petite sauvage... Un être bizarre et ravissant!
Le charme étrange d'une fleur des champs, d'un oiseau
des bois! Hélas! pauvre oiseau captif! Elle est esclave
chez Albert Laski.

LIANCOURT.

Et tu ne lui as pas ouvert la porte de sa cage?

NANGIS. •

Elle a voulu rester là-bas pour veiller sur moi, dit-elle.
Si les complots de son maître aboutissaient, si nous étions
en péril, j'en serais vite averti par elle et alors...

On entend un bruit de voix.

LIANCOURT.

Quel est ce bruit?

CAYLUS, entrant et allant regarder au fond.

Une jeune fille qui veut entrer et qu'un soldat menace
du fouet.

NANGIS, courant aussi.

Mais c'est elle! c'est elle!

SCÈNE IV

Les Mêmes, MINKA, Un Soldat.

MORCEAU D'ENSEMBLE.

MINKA, entrant précipitamment.

Ah! laissez-moi, de grâce!

LE SOLDAT.

Non, non, au large! Passe!
Ou bien, je te promets...

Il lève le fouet sur elle.

MINKA, tombant à genoux.

Ah!

NANGIS, arrachant le fouet au soldat.

Misérable!

LE SOLDAT.

Mais...

NANGIS.

Sais-tu bien que frapper une femme
C'est lâche, c'est infâme!

LE SOLDAT.

Ce n'est pas une femme,
C'est une esclave.

NANGIS.

Assez! baisse le ton,
Ou sinon, cent coups de bâton !
Le soldat sort effrayé, suivi de Maugiron.

NANGIS, à Minka.

Va, ne crains rien de lui!
S'il te manque un appui,
Mon bras l'offre à l'esclave,
Puissé-je à te venger,
Courir quelque danger!
Vive Dieu ! Je le brave !

MINKA.

Ah ! pour mon cœur
Douce liqueur,
Que vos paroles !
Je n'ai plus peur.
Noire vapeur
Au loin tu t'envoles ;
Et dans mon ciel,
Naissent du miel
De vos paroles,
Des tourbillons

De papillons,
En rondes folles.

NANGIS.

Oh! oui, sois sans émoi:
Que ton front rayonne!
Ne crains rien, mignonne,
Auprès de moi.

MINKA, avec confiance.]

Auprès de vous plus d'effroi!

TOUS.

Elle est charmante!
Le doux sourire et les beaux yeux!
A Nangis.
Permets que l'on te complimente,
Ton sort nous rend tous envieux.

CAYLUS.

Ton nom?

MINKA.

Minka.

TOUS.

Nom gracieux!

LIANCOURT.

Ton maître?

MINKA.

O souvenance amère!

ELBEUF.

Mais, pour te consoler, ta mère ..

MINKA.

Elle n'est plus... Elle est aux cieux!

NANGIS.

Mais n'as-tu jamais en rêve
Souhaité la liberté?

MINKA.

Le temps passe, la vie est brève,
Là-haut j'aurai la liberté.

CAYLUS.

Ton maître peut prendre ta vie.

NANGIS.

Mais toi, tu peux donner ton cœur.

MINKA.

Hélas ! mon doux vainqueur,
Un cœur d'esclave est-il un présent qu'on envie ?
Celui qui du ciel tout entier
Peut voir flamboyer les opales,
Aperçoit-il dans le sentier
Le ver-luisant aux lueurs pâles ?
Celui qui cueille à pleines mains
Dans un parterre aux fleurs divines,
Prend-il aux marges des chemins
Les fleurs des prés et des ravines ?

NANGIS, avec amour.

Les fleurs de l'amour sont des fleurs divines
Et je les vois, Minka, dans tes beaux yeux !

ENSEMBLE.

Elle est charmante.
Etc...

MINKA.

Minka vous aime et d'une voix fervente,
Dit l'amour qu'on lit dans ses yeux.
Au cœur de la pauvre servante,
C'est le premier jour radieux !

Sortie des seigneurs.

SCÈNE V

NANGIS, MINKA.

NANGIS.

Ma chère petite Minka! Tu m'aimes donc vraiment?
Que c'est bien à toi d'être venue!... Et pour toujours,
n'est-ce pas?...

MINKA.

Hélas, mon doux seigneur, il faut que Minka retourne
là-bas avant ce soir...

NANGIS.

Quoi!... nous séparer encore ? Ah! Minka, tu ne m'aimes
pas.

MINKA.

Je ne vous aime pas, grand Dieu!... Ah! que c'est mal
de me parler ainsi!... Mais c'est comme si vous disiez
que l'herbe n'aime pas la rosée, que la forêt n'aime pas le
printemps, que l'alouette n'aime pas le soleil.

NANGIS.

Eh bien! alors, mon adorée Minka, épanouis-toi comme
l'herbe et la forêt; envole-toi dans l'azur comme l'alouette.
Aimons-nous! ne me refuse pas plus longtemps ce baiser.

Il la presse.

MINKA, effarouchée et tressaillante.

Ah! je vous en supplie, monseigneur!

COUPLETS.

I

Hélas! à l'esclavage,

Vous qui montrez l'essor,
Daignez attendre encor !
L'alouette est sauvage.
Il faut l'apprivoiser
Aux libertés nouvelles
Où son cœur va puiser,
Car ta flamme, baiser,
Pourrait brûler ses ailes.

Pourtant, je les souhaite,
Et l'essor et l'air pur,
Qui rempliront d'azur
Le cœur de l'alouette.
Bientôt viendra l'éveil
Des aurores nouvelles
Dans le ciel plus vermeil !
Vers ta flamme, soleil,
Elle ouvrira ses ailes.

NANGIS.

Non !... non, je ne veux rien entendre, Minka, si tu ne me permets pas d'abord...

MINKA.

Eh bien ! soit ! Il faut vous obéir, puisque c'est pour vous sauver. Ce soir donc, avant de retourner à la ville, je vous reverrai.

NANGIS.

Où et comment ?

MINKA.

Je passerai près de ce mur, là-bas, et vous donnerai par une chanson, le signal de me rejoindre. Et maintenant, laissez-moi vous dire les choses graves pour lesquelles j'étais venue. Mon maître, le comte Albert Laski... mais il me semble entendre... Quelqu'un vient de notre côté...

NANGIS, ayant regardé vers la droite, à part.

C'est le roi qui se promène tout rêveur...

MINKA.

C'est un seigneur français, n'est-ce pas?...

NANGIS.

Oui. Un de mes amis ! mon meilleur ami. Inutile qu'il nous voie ensemble. Tiens, entre ici! Je t'y retrouverai dans un instant et tu me diras alors... Vite, vite!... à tout à l'heure!

MINKA, lui envoyant un baiser.

A tout à l'heure!

Elle entre à gauche.

SCÈNE VI

NANGIS, HENRI DE VALOIS, puis MAUGIRON et CAYLUS.

Henri entre en lisant une lettre. Nangis va à lui. Maugiron et Caylus qui suivaient Henri l'arrêtent.

MAUGIRON, à Nangis.

Non... ne l'aborde pas encore... Ce n'est pas le moment de l'entretenir de ton équipée. Il est d'humeur mélancolique... Une lettre de France... Laissons-le. Viens.

Ils sortent par la droite.

HENRI, seul.

Air :

Cher pays, pays du soleil,
Si loin de toi, quelle est ma souffrance
Je te vois, dans le songe, au réveil,
Encor, toujours, doux pays de France!
Vers l'horizon

Quand le vent qui passe
Murmure à l'espace
Un plus doux son,
Dans le frisson
De cette voix tendre
Il me semble entendre,
O pays, ta chanson.
Je t'aime, ô ma France chère,
Comme une maîtresse, une mère,
Et mon cœur qui va se briser,
Sur ton cœur là-bas voudrait se poser
En te donnant un baiser !

(Il s'assied, accablé de mélancolie.) Mon Dieu ! mon Dieu ! Que faire pour n'être pas roi de Pologne ? (Il reprend la lettre à sa ceinture et la relit.) Et ma mère qui veut encore... Oh ! non, par exemple ! cela, c'est trop ! Ah ! ah ! ah ! (Apercevant Nangis qui rentre et qui se dirige vers la porte par où est sortie Minka.) Ah ! te voilà ! Nangis... Quel air contrarié ! quelle mine grave ! Tiens, voici de quoi te dérider. Sais-tu ce que m'écrit ma mère ?... Que je me tienne prêt à épouser, pour consolider mon trône, paraît-il, la dernière des descendantes des Jagellons. Cinquante-cinq ans et déjà deux fois veuve ! Eh bien ! tu ne ris pas ?

NANGIS.

La politique a parfois des exigences...

HENRI.

Mais elle n'a que cela, des exigences ! Vois plutôt ! Un ciel trop noir. Une neige trop blanche. Des princesses trop mûres ! Quelle agréable royauté. Mes amis me gardent ici à vue, à la porte de ma capitale : ils ont peur que je me sauve ! Mes sujets m'évitent ; ils ont peur que je reste ! Pas un gentilhomme polonais n'est venu me rendre hommage ! Pas un de mes sujets ne peut se flatter d'avoir vu mon visage. Ah ! pourquoi la Pologne m'a-t-elle fait l'honneur de songer à moi... qui songeais si peu à elle.

NANGIS.

Sire, vous n'avez pas toujours pensé tant de mal de la Pologne. Il y a quelque temps, à Venise, c'est une Polonaise si je ne me trompe...

HENRI.

Oui, c'est vrai, pourtant... une Polonaise !... Et quel charmant souvenir !... un des plus délicieux de ma vie !

SCÈNE VII

Les Mêmes, FRITELLI.

FRITELLI, tenant un long rouleau de papier.

Sire, voici le deuxième projet de cortège pour le couronnement.

HENRI.

Ah! le butor ! qui vient faire envoler un beau souvenir ! Tout à l'heure... tout à l'heure !

FRITELLI.

A vos ordres, sire !... Et mille pardons d'avoir interrompu...

Il reste debout près de la table de droite.

HENRI, à Nangis.

Oui, une intrigue comme je les aime, avec une pointe de mystère, presque de danger... dans ce merveilleux décor si propice aux aventures. Ah! Venise!

FRITELLI, à part.

Venise... Eh! eh!

HETRI.

Des nobles proscrits obligés de cacher leurs noms. La jeune fille craignant la colère de sa famille, terrible, di- sait-elle. Elle-même, vindicative, jalouse. Moi, vivant aussi sous un faux nom, incognito, non plus en prince à qui l'on cède par vanité, mais en simple galant qu'on aime parce qu'il est aimable! Ah! que c'était divin! Et que de fois je l'ai regrettée, cette charmante Alexina!

FRITELLI, à part.

Alexina! Venise!... Mà mà!... est-ce qu'il s'agirait de ma femme? (Haut.) Pardon, sire, cette Alexina dont parle votre Majesté?...

HENRI.

Comment, vous m'écoutiez donc?

Fritelli agite son rouleau.

FRITEL' I.

Sans écouter, sire!... Votre Majesté parlait de Venise, ma patrie... et d'une Polonaise ravissante... Alexina...

HENRI.

Lowenska... Alexina Lowenska.

FRITELLI, à part.

Lowenska... c'est bien ma femme!

HENRI.

L'avez-vous connue?

FRITELLI.

Pas du tout, sire!

HENRI.

C'est dommage!... Elle était adorable...

FRITELLI; à part.

Elle l'est toujours!... (Haut.) Mais, sire, j'attendais le bon plaisir de votre Majesté pour le deuxième projet de cortège.

HENRI.

Il est stupide, votre projet !

FRITELLI.

Si sa Majesté désirait jeter un coup d'œil...

NANGIS.

Puisqu'on vous dit que celui-là est stupide... Faites-en un autre... allez !

FRITELLI.

Mâ...

HENRI.

Allez !... Allez! c'est!... c'est cela, un autre !

Fritelli sort sur une grande révérence.

FRITELLI, en sortant.

Quelle découverte !... Ce Français qui...A Venise... auprès d'Alexina... c'était le roi !

Il sort.

SCÈNE VIII

HENRI, NANGIS.

HENRI.

Regarde comme c'est gai d'être roi dans ce pays... Il n'y a peut-être qu'une jolie Polonaise et elle n'est pas en Pologne.

NANGIS.

Qui sait ? Elle y est peut-être ?

HENRI.

Non, va, je n'aurai pas cette chance. D'ailleurs, elle doit me haïr. Rappelé par un ordre de ma mère, j'ai dû la quitter brusquement, sans un adieu ! Hélas ! toujours les exigences de la politique !

NANGIS.

Vous ne pouvez cependant pas vous y soustraire.

HENRI.

Pourquoi pas? Ecoute, Nangis. Tu es mon ami, toi. Si tu m'aidais à... à m'évader de mon royaume... qu'en dis-tu?

NANGIS.

Pardon! mais à ce jeu-là je risquerais ma tête et vraiment, sire...

HENRI.

Pas un ami qui m'aime assez pour me détrôner!... Tiens, pour ta peine, mon Conseil doit examiner ce soir un plan de constitution... je vais t'en dicter les articles et tu me le rédigeras de ta plus belle écriture.

NANGIS, souriant.

C'est vous venger cruellement, sire; le pensum est terrible.

HENRI.

La politique a ses exigences, monsieur. Viens!

NANGIS, à part.

Et Minka qui m'attend! Que pensera-t-elle de ce retard?

HENRI.

Allons! viens!

SCÈNE IX

LES MÊMES, FRITELLI.

Au moment où ils vont sortir, Fritelli entre du même côté.

FRITELLI, déroulant un papier.

Sire, voici un troisième projet de cortège!...

HENRI.

Allez au diable, vous et votre cortège!

FRITELLI.

Mà, c'est pour demain, sire!

NANGIS.

Allez au diable!

FRITELLI.

Très bien! J'y vais.

Sortent le roi et Nangis.

SCÈNE X

FRITELLI, seul.

J'y vais! j'y vais! C'est-à-dire que je voudrais bien y
être! Ah! que ma position ici est critique! Si le roi ap-
prend que je conspire contre lui, je suis perdu. Et si je
ne conspire pas, il reste roi de Pologne et alors mon honneur... Car je n'en puis douter, cette Alexina qu'il a
courtisée à Venise, c'est bien celle qu'on m'a donnée en
mariage, justement pour étouffer le bruit de cette aventure. Diable! il ne faut pas qu'il la revoie. Il ne faut pas
qu'il reste un jour de plus en Pologne. Oui, mà comment
va notre conspiration? Ma femme ne m'envoie aucune
nouvelle... Elle a dû voir son oncle, pourtant, et s'entendre avec l'archiduc d'Autriche. Et je ne sais rien, rien...
Ah! si, je sais, je sais une chose...

UN PAGE, entrant.

Monsieur le chambellan, une dame est là... qui vous
envoie ceci...

Il lui remet un pli.

FRITELLI, sursautant, à part.

Elle! (Haut.) Introduisez cette dame et éloignez-vous...
(Le page sort.) Ma femme, ici!...

SCÈNE XI

FRITELLI, ALEXINA, en amazone.

ALEXINA, entrant.

Que de difficultés pour arriver jusqu'à vous !

FRITELLI.

Ma femme ici !... Vous ici, duchesse... quelle impru-
dence !... Venir vous-même, en personne!

ALEXINA.

J'ai pensé que c'était plus sûr...

FRITELLI.

Ah! vous me ferez perdre la tête avec vos audaces!

ALEXINA.

Si nous gagnons la partie, qu'importe que vous perdiez
la tête?

FRITELLI.

Mâ, c'est que j'y tiens, à ma tête!

ALEXINA, après avoir haussé les épaules,

Air :

Pour vous je suis ambitieuse !
A défaut de bonheurs,
Je rêve les honneurs;
Et nulle, ô cher époux, pour gravir aux honneurs,
Ne vous sera plus précieuse.
Je veux pour vous, près de nos rois,
Beaux emplois, passe-droits,
Des cordons et des croix!
Par quel moyen? c'est mon affaire...

2

Ce désir de gloire me prend
De vous pousser au premier rang.
Vous voyez que le rêve est grand!
Oh! de grâce, soyez ce que je veux vous faire!
Par quel moyen,
Écoutez bien!
Sous ma conduite,
On met en fuite
Votre Valois!
A nous ensuite,
Pour mes exploits,
Les bons emplois!
Le fils d'Autriche,
D'abord fait riche
Qui le fait roi.
C'est moi, je crois.
Vous voilà prince
Et gouverneur
D'une province,
Premier honneur!
Voulez-vous être
Plutôt grand maître,
Ou grand préfet?
Voilà, c'est fait!
Bref, on vous offre !
L'or a plein coffre,
Et le loisir
De tout choisir.
Mais de l'audace!
Et que l'on chasse
D'abord Valois!
Quant aux emplois,
Ceux qu'on préfère,
Vous les aurez.
Laissez-moi faire,
Et vous verrez!
Ainsi je suis ambitieuse!
Il faut bien occuper son cœur!
Pauvre cœur! J'eusse été joyeuse
D'aimer longuement son vainqueur.

Avant notre froid hyménée,
Ce cœur était de feu,
Et moi, tendre et passionnée,
Je vous en fis l'aveu.
Ah!
Alors la vie
Etait pour moi
Toute ravie
D'un fol émoi!
Mais ce beau songe,
Fleuri d'amour,
Fut un mensonge...
O fleurs d'un jour!
Joli rosier, tôt défleuri!...
Je vous pris alors pour mari!
Ah! quel réveil pour une âme rêveuse!
Et je devins ambitieuse!
Je veux, pour vous, près de nos rois,
etc.

FRITELLI, distraitement.

Oui, oui, tout cela est très beau, sans doute...

ALEXINA.

Eh! mon cher duc, comme vous avez aujourd'hui l'enthousiasme peu bruyant! Vous parlez de ce splendide avenir comme si vous songiez à autre chose.

FRITELLI.

Je songe, en effet, au passé.

ALEXINA.

Au passé?

FRITELLI.

Oui, à cette histoire de Venise...

ALEXINA.

Eh! quelle mouche vous pique de revenir sur ces fadaises? D'où vous vient, à présent, cette jalousie rétrospective?

FRITELLI.

Ces choses-là... ça vient... Comment s'appelait-il, ce gentilhomme français?

ALEXINA.

Je vous ai déjà dit que je l'ignorais. Il se cachait à Venise, comme moi, à cette époque. Un exilé, sans doute.

FRITELLI, à part.

Elle ne sait pas que c'est le roi.

ALEXINA.

Mais, laissons là ces souvenirs qui me blessent, vous le savez. Ah! ces maudits Français! Je les hais tous depuis l'affront que m'a infligé l'un d'eux! Partir ainsi, sans un mot, après m'avoir juré...

FRITELLI.

En effet, c'était bien mal.

ALEXINA.

Oui, n'est-ce pas?

FRITELLI.

Ah! très mal! J'en suis humilié! Fi! le vilain!

ALEXINA.

Et c'est bien pour cela que je conspire avec tant d'ardeur contre Valois et sa cour. Chasser les Français de Pologne, n'est-ce pas un peu se venger de mon perfide?

FRITELLI.

Nous les chasserons! Nous les chasserons!... Mà... au fait, qu'avez-vous décidé avec votre oncle et l'archiduc d'Autriche?

ALEXINA.

L'archiduc est aux portes de la ville; il entrera dès que Valois sera hors du pays.

FRITELLI.

Parfait! Mà comment mettra-t-on le Valois hors du pays?

ALEXINA.

Des relais de poste sont préparés jusqu'à la frontière.
Il ne s'agit plus que d'enlever le prince!

FRITELLI.

L'enlever? Qui donc se chargera ?...

ALEXINA.

On compte sur vous.

FRITELLI.

Ohimé! sur moi!

ALEXINA.

On vous expliquera la chose cette nuit, chez mon oncle,
où les conjurés se réunissent sous prétexte d'une fête. Et
je viens justement vous chercher pour vous y conduire.
Mais auparavant il faut qu'ici vous vous assuriez quelques
complices, soit parmi les gentilshommes, soit dans la
garde.

FRITELLI.

Y p nsez-vous?

ALEXINA.

Pour la réussite de nos projets, il le faut et moi-
même...

FRITELLI, inquiet.

Oui, oui, mais on ignore que vous êtes ma femme et si
l'on venait... si l'on vous voyait... si l'on apprenait...
Vous, la nièce du palatin Laski... un soupçon...

ALEXINA.

C'est juste. Je vais attendre dans votre appartement
l'heure d'agir... venez!

FRITELLI, la suivant.

Quelle femme admirable j'ai là ! Elle me fait presque
peur!... Oh! mia testa! mia testa!...

Il sortent par la droite.

2.

SCÈNE XII

MINKA, puis HENRI.

MINKA, entrant par la gauche.

Enfin! plus personne !... Dieu! que le temps m'a paru long! Et monsieur de Nangis qui ne revient pas! Que fait-il?... Ah! quel bonheur! voici le seigneur français, son ami... Il me dira sans doute...

HENRI, entrant rêveur.

Rien... je ne trouve rien... Pas moyen d'échapper au trône...

MINKA, l'abordant.

Excusez-moi, monseigneur...

HENRI, à part.

Vive Dieu ! la jolie fille!

MINKA.

Monsieur de Nangis m'a dit que vous étiez son ami, monseigneur, son meilleur ami, et c'est ce qui m'encourage...

HENRI.

Ah ! Nangis t'a dit cela ?... Quand donc?

MINKA.

Tout à l'heure, ici. Il devait revenir, car j'ai à lui confier des secrets...

HENRI, à part.

Tiens! Tiens! ce cachottier de Nangis ! (Haut.) Et ne peux-tu me les confier, à moi, ces secrets, ma belle enfant ? A moi, son ami, son meilleur ami ?

MINKA.

Pardon, mais j'aurais préféré voir M. de Nangis lui-
même.

HENRI, à part.

Une amourette! Parfait! (Haut.) C'est que M. de Nangis est avec le roi, occupé d'un travail sérieux... Oh!
pour la journée entière!

MINKA.

Mon Dieu! Que faire, alors?

HENRI.

Mais, je te le répète, me confier, à moi, ces secrets que
je lui transmettrai de ta part, avec tes tendresses, si tu
veux, car tu l'aimes, n'est-ce pas?

DUO.

MINKA.

Je l'aime de toute mon âme.
Tout en moi l'appelle vainqueur.
Esclave, il m'a traitée en femme;
Et l'esclave a donné son cœur.

HENRI.

Vois-tu, lorsqu'on est mignonne,
On trouve vite un beau vainqueur!

MINKA.

C'est pourtant, pauvre cœur,
La première fois qu'il se donne!...
Mais tout pâmé,
O mon aimé!
Je l'abandonne.

HENRI.

Pardieu!
J'envie
Un tel aveu!

MINKA.

Ah! c'est bien peu !
S'il veut ma vie,
Dès aujourd'hui,
Elle est à lui !

ENSEMBLE.

MINKA.

Je l'aime de toute mon âme!
Pour moi rien ne vaut mon vainqueur.
Dans l'esclave il a vu la femme,
Et la femme a donné son cœur !

HENRI.

Tu l'aimes de toute ton âme.
Pour toi rien ne vaut ton vainqueur.
Dans l'esclave il a vu la femme,
Et la femme a donné son cœur !

MINKA.

Il est Français, vive la France !
Il sert son roi, vive son roi !
Et le sauver, c'est l'espérance,
Que mon secret m'offre, je croi !

HENRI.

Sauver le roi... parle !

MINKA.

En personne !
Nangis lui dira mon secret.
Il s'agit d'un complot.

HENRI.

Comment ! il se pourrait!

MINKA.

Et nul ici ne le soupçonne.

HENRI.

Dis-le moi donc et sans effroi,
A moi, l'intime ami du roi.

MINKA.

Mais s'il est une récompense,
Pour Nangis, moi, je voudrais.

HENRI.

Pour lui seul ? Et pour toi, je pense,
Tu ne peux oublier non plus tes intérêts !...

MINKA.

Non ! mon Nangis d'abord, le reste après !

ENSEMBLE.

MINKA.

Je l'aime de toute mon âme !
Etc.

HENRI.

Tu l'aimes de toute ton âme !
Etc.

HENRI.

Donc on maudit
Ce pauvre roi que l'on invite...
Dis-moi bien vite,
Ce qu'on dit.

MINKA.

Tout ce qu'on dit ? Tant pis ! Enfin ce n'est pas moi...

HENRI.

J'écoute !

MINKA.

On dit que notre roi
Est un esprit, léger, futile.

HENRI, riant.

Très bien !

MINKA.

Qu'il ne sait rien d'utile,
Que le seul plaisir est sa loi.

HENRI.

Quel joli portrait pour un roi !

MINKA.

On dit qu'il a surtout pour charmes,
Rubans, falbalas, afiiquets ;
On dit qu'il porte dans ses armes
Des lys sur champ de... bilboquets !

HENRI, à part et vexé.

Mes sujets sont des paltoquets !

MINKA.

On dit qu'il joue à la poupée,
Enfant, s'amusant d'un atour ;

HENRI, furieux.

Un enfant qui porte l'épée
De Jarnac et de Moncontour !

MINKA.

Je ne sais pas, moi, je répète.
Mais s'il est brave, dites-lui
Que vers son trône la tempête
Monte et que l'éclair a relui !

HENRI.

Quoi ! l'on conspire contre lui ?
Et déjà l'éclair a relui !

Se ravisant et galement.

Au fait, mais cela me dispense...
Le roi t'en saura gré, je pense.

MINKA.

Mais s'il est une récompense,
Pour Nangis, moi, je la voudrais.

HENRI.

Pour lui seul? et pour toi, je pense
Je saurai près du roi plaider les intérêts.

MINKA.

Non! non! Nangis d'abord, le reste après!

REPRISE DE L'ENSEMBLE

HENRI.

Ainsi l'on conspire contre le roi?

MINKA.

Oui, c'est mon maître, le comte palatin Albert Laski,
qui est à la tête du complot. Les conjurés doivent se réunir dans son palais, cette nuit, sous le prétexte d'une fête,
et là, ils aviseront aux moyens de s'emparer du roi pour
le renvoyer en France.

HENRI, se frottant les mains.

Pour le renvoyer? Parfait! Parfait!

MINKA.

Comment! vous avez l'air ravi?

HENRI.

Moi! pas du tout! C'est-à-dire, si... Je suis ravi... ravi
de voir qu'on n'en veut pas à la vie du roi.

MINKA.

Ah! bon! Mais si on le renvoie, monseigneur, songez
qu'on chasse tous les Français, tous...

HENRI.

Bien sûr?... Tous!... Et Nangis par conséquent! Et c'est
ce que tu ne veux pas?

MINKA.

Dame!... Oh! mais je suis tranquille à présent que
vous voilà prévenu. Le roi, instruit par vous prendra ses
précautions. D'ailleurs, il est bien gardé, n'est-ce pas?

HENRI.

Ah! oui.. (A part). Hélas!... (Haut.) Et je me demande

même comment les conjurés ont pu songer à un enlève-
ment !

MINKA.

C'est qu'ils ont des complices parmi vous.

HENRI.

Bah ! Et qui donc ?

MINKA.

Le Chambellan ! M. le duc de Fritulli !

HENRI.

Tiens ! Tiens ! Tu es sûre ?...

MINKA.

Absolument.

HENRI.

Voilà qui va le mieux du monde !

MINKA.

Vous dites ?

HENRI.

Rien, ou du moins une chose que je ne puis t'expliquer.
Une idée qui me vient. Il faut même que je la mette à
exécution tout de suite. Laisse-moi, car le temps presse.

MINKA.

C'est dans l'intérêt du roi, n'est-ce pas ?

HENRI.

Peux-tu le demander ? Mais je ne songe qu'à lui !

MINKA.

Et vous me jurez aussi que c'est M. de Nangis qui en
profitera... car le roi ne manquera pas de le récompenser,
dites ?

HENRI.

Je te réponds du roi comme de moi-même.

MINKA.

Merci, monseigneur.

                    Elle se sauve en courant par le fond.

SCÈNE XIII

HENRI, puis FRITELLI.

HENRI, appelant un garde.

Holà !... prévenez monsieur le chambellan que j'ai à lui parler. (Le garde sort par la gauche.) Enfin ! une conspiration ! Je m'étonnais aussi !... Vraiment, j'aurais été le premier roi contre lequel on n'eût pas conspiré ! C'était jouer de malheur ! C'était même presque vexant. Tandis qu'à présent, à la bonne heure... quelle chance !... Ma mère n'aura pas même le droit de m'en vouloir. Je ne me serai pas sauvé de Pologne. On m'en aura chassé. Ah !... pourvu que ces conspirateurs s'y prennent bien ! D'ordinaire, ces gens-là sont si maladroits !

FRITELLI, entrant par la gauche.

Votre Majesté a bien voulu me faire mander.

HENRI.

Oui, mon cher duc. C'est à propos de ce projet de cortège...

FRITELLI, déroulant un nouveau papier.

Voici le quatrième, sire !

HENRI.

Eh bien ! préparez-vous à en écrire un cinquième. Il m'est venu quelques idées.

FRITELLI.

Oh ! des idées admirables, évidemment !

HENRI.

Attendez un peu de les connaître, mon cher duc, pour vous extasier. Écrivez... écrivez.

FRITELLI, s'asseyant à la table de droite.

J'écris avec recueillement, sire.

3

HENRI, dictant en jouant au bilboquet.

Nous, Henri de Valois, duc d'Anjou, roi de Pologne, ordonnons à notre capitaine des gardes de mettre en état d'arrestation...

FRITELLI.

Mà, il ne s'agit pas du cortége, alors ?

HENRI.

Ecrivez donc ! (Dictant.)... d'arrestation... le duc de...

FRITELLI, répétant.

Le duc de...

HENRI.

Fritelli !

FRITELLI.

Plaît-il ?

HENRI.

Ecrivez donc : Fritelli !... Oui ! (Dictant.)... et de lui faire immédiatement trancher la tête.

FRITELLI.

Mà, sire...

HENRI.

Avez-vous écrit ?

FRITELLI.

Trancher la tête... Il faut mettre ça ?

HENRI.

Préférez-vous qu'il soit pendu ? soit ! Peu m'importe ! Vous avez le choix.

FRITELLI, s'efforçant de rire.

Ah ! Votre Majesté daigne plaisanter... Vraiment ! la plaisanterie est délicieuse ! Oui, oui, bien française. Tout à fait française... d'un esprit...

HENRI, allant à lui.

Je ne plaisante pas, monsieur. Continuez. (Dictant.)...
comme coupable de haute trahison...

FRITELLI.

Qui ? moi ? coupable ?

HENRI.

Continuez donc ! vous avez la rage de m'interrompre.
(Dictant.)... et complice de la conspiration ourdie par le
palatin Albert Laski.

FRITELLI, se levant.

C'est faux !

HENRI.

Un démenti à votre roi ?

FRITELLI.

Pardon ! Oui, je le sens, j'aggrave ma situation par
mon attitude. Je voulais tout simplement dire, en disant
que c'est faux,... que ce n'est pas vrai.

HENRI.

Si, monsieur, c'est vrai. Je sais tout.

FRITELLI.

Eh bien ! sire, puisque vous savez tout, je vais vous
avouer le reste. Ce n'est pas ma faute, je vous assure.
J'ai été entraîné. Le comte Albert Laski a une nièce. Elle
est ambitieuse. Elle est venue me relancer jusqu'ici.

HENRI.

Quand ?

FRITELLI.

Aujourd'hui même, tout à l'heure.

HENRI.

Elle est dans ce palais ?

FRITELLI.

Oui.

HENRI.

Est-ce qu'elle est jolie?

FRITELLI.

Si !

HENRI, sévèrement.

Et vous ne me l'avez pas présentée !... Encore un oubli de tous vos devoirs, monsieur le chambellan! Décidément, vous entassez crime sur crime !... Donnez cet ordre, que je le signe!

FRITELLI, tombant à genoux.

Grâce ! Grâce! Vous n'aurez pas cette cruauté ! Me faire trancher la tête ! Et pour en faire quoi, mon Dieu !

HENRI.

Pas grand'chose, c'est vrai.

FRITELLI.

Ah! vous voyez bien !... tandis que moi... Alors, laissez-vous apitoyer, sire ! Songez que c'est dur, à mon âge, dans ma situation! Cette pauvre teste-là, que j'aime tant !

HENRI.

Tu es le seul !

FRITELLI, se levant.

Ah ! votre Majesté a daigné sourire... Je suis sauvé !...

HENRI.

Pas encore! Attends! Oui, je veux être clément... Je t'accorde ta grâce !

FRITELLI.

Ah ! Sire !

HENRI.

Mais à une condition !

FRITELLI.

Oh ! quelle qu'elle soit !...

HENRI.

Eh'bien ! voici : tu vas faire de moi ton complice !

FRITELLI.

Hein?

HENRI.

Oui. J'ai dit : « ton complice ». Parfaitement!

FRITELLI.

Mà, je ne comprends pas...

HENRI.

Rien de plus simple. Excepté ítoi, aucun des conjurés ne connaît mon visage. Eh bien! tu me conduiras cette nuit parmi ceux chez le palatin Albert Laski. Je veux, moi aussi, conspirer contre le roi.

FRITELLI.

Contre vous-même !

HENRI.

Oui.

FRITELLI

Mà, sire, une fois là-bas, qu'est-ce que je dirai ?

HENRI.

A nos bons amis les Polonais? Que je suis un Français, victime de la tyrannie du roi et qui brûle de se venger. Le reste me regarde.

FRITELLI.

Mà, sire, ils me demanderont votre nom!

HENRI.

C'est juste ! Attends ! (Il réfléchit.) Oui, oui, très bien ! Tu leur diras que je suis le comte de Nangis.

FRITELLI.

Le comte de Nangis ?

HENRI.

Voici le Conseil... Je vais m'arranger de façon à prouver que Nangis est en disgrâce... Tu verras... tu verras!

SCÈNE XIV

Les Mêmes, VILLEQUIER, CAYLUS, LIANCOURT,
ELBEUF, MAUGIRON, Seigneurs, Pages,
Soldats, puis NANGIS.

FINALE.

CHŒUR.

LES SOLDATS.

La garde fidèle
Au roi se hâte d'obéir,
La garde modèle
Qu'il ne verra jamais trahir.

VILLEQUIER et LES SEIGNEURS.

Le conseil fidèle
A son roi ne sait qu'obéir,
Le conseil modèle
Qu'il ne verra jamais trahir.

HENRI.

Et Nangis ?

TOUS.

Le voici !

NANGIS, avec un rouleau de papier.

Je vous apporte, sire,
Ce plan, et je suis tout surpris
D'avoir su le transcrire,
Ne l'ayant pas compris !

HENRI, prenant le papier et avec une sévérité feinte

Ah! Nangis, s'il faut te surprendre,
C'est d'obliger mon cœur à se plaindre de toi.

NANGIS, surpris.

De moi, sire?

HENRI.

Oui, monsieur, et j'ai peine à comprendre
Que vous osiez paraître devant moi !

NANGIS.

Je ne sais...

HENRI, à part.

Moi non plus !

Haut.

Votre indigne conduite
Aura pour suite
Un châtiment !

NANGIS.

Daignez me dire...

HENRI.

Assez. Dans son appartement,
Gardes, qu'on l'emprisonne !

A Nangis qui veut parler.

Vous parleriez en vain; je le veux ! je l'ordonne !

ENSEMBLE.

NANGIS, à part.	HENRI, à part.
Qu'ai-je fait?	Qu'a-t-il fait
Quel forfait	En effet,
Ai-je pu commettre?	Qu'a-t-il pu commettre?
Quel émoi	Quel émoi
Contre moi	Devant moi
Courrouça mon maître?	Qui lui parle en maître !
En prison	En prison
Sans raison,	Sans raison,

Quand le roi commande,   Je le lui commande,
Il faut voir   Je fais voir
Son pouvoir.   Mon pouvoir.
Mais je me demande :   Mais il se demande :
Qu'ai-je fait?   Qu'ai-je fait?
Etc.   Etc.

TOUS, à part.

Qu'a-t-il fait?
Quel forfait
A-t-il pu commettre?
Quel émoi,
C'est pour moi,
Qu'il déplaise au maître?
En prison
Sans raison!
Quand le roi commande,
Il fait voir
Son pouvoir.
Mais on se demande :
Qu'a-t-il fait?
Etc.

HENRI, à Fritelli.

Faites publier par la ville
Que le roi va mettre en prison
Le comte de Nangis pour avoir... Inutile
D'en donner la raison.

Fritelli donne l'ordre à deux gardes qui sortent. — Puis Henri
s'adressant aux seigneurs.

Vous, messieurs du Conseil, commencez la séance!

Donnant à Villequier le plan que Nangis lui a remis.

Examinez ce plan tout à loisir,
Et sans vous presser de choisir.
Allez! je vous rejoins.

A Nangis.
Encore en ma présence?

NANGIS.

Daignez me dire...

HENRI.

Assez!

Aux gardes.

Et vous, exécutant
Ma sentence à l'instant,
Apprenez tous à me connaître!

NANGIS, à part.

Et Minka qui m'attend!
Oh! je la rejoindrai pourtant!
Fût-ce en sautant
Par la fenêtre!

REPRISE DE L'ENSEMBLE.

NANGIS.	HENRI.
Qu'ai-je fait?	Qu'a-t-il fait?
Etc...	Etc...

TOUS.

Qu'a-t-il fait?
Etc...

Tous les seigneurs et les pages sortent par le fond à droite et à
gauche. — Nangis, entouré de gardes, sort par la droite. —
Villequier, Maugiron, Liancourt, Elbeuf entrant à gauche
premier plan. — La nuit vient peu à peu.

SCÈNE XV

HENRI, FRITELLI, puis ALEXINA, puis MINKA,
à la cantonade, puis LES GARDES, puis NANGIS.

HENRI, fermant à clef la porte de gauche.

En cage, mes geôliers! Nous, maintenant, en route!

FRITELLI.

Non, pas encor!

3.

HENRI.

C'est juste. Il faut attendre aussi
Ta complice. Tu vas me présenter ici
Sous le nom de Nangis.

FRITELLI, à part.

Hélas! comme il m'en coûte!

ALEXINA, sortant de droite, au fond.

Me voici!

HENRI, la reconnaissant.

C'est elle!

ALEXINA, de même.

C'est lui!

FRITELLI, à part.

Pour un pauvre mari, voilà bien de l'ennui!

ENSEMBLE.

HENRI, à part.	ALEXINA, à part.
Douce surprise!	Quelle surprise!
Ma beauté de Venise!	Mon Français de Venise!
Instant chéri!	Est-ce un pari?
C'est l'amour refleuri.	Il connaît mon mari.
Douce surprise!	Quelle surprise!

FRITELLI, à part.

Triste surprise!
Le roman de Venise
Rend tout marri
L'infortuné mari.
Triste surprise!

ALEXINA, à Fritelli.

J'ai vu cet homme en Italie,
Jadis à Venise un moment.

FRITELLI.

Ah! vraiment! Ah! vraiment!

HENRI, à Fritelli.

C'est elle que j'ai fait la folie
De quitter si peu galamment!

FRITELLI.

Ah! vraiment! Ah! vraiment!

HENRI, à Fritelli.

Fais-nous renouer connaissance.

FRITELLI, bas.

C'est par obéissance.

Haut, le présentant.

Le comte de Nangis...

HENRI, à Alexina.

Qui conspire avec vous.

ALEXINA.

Un Français?

HENRI.

En disgrâce.
Vraiment du roi, les ordres sont trop fous.
Pour pouvoir m'en venger, souffrez donc que j'embrasse
Un parti qu'on est fier d'embrasser avec vous.

ALEXINA.

Non, non, pas de galanterie!
Doux propos seraient superflus.
Je suis ici dans ma patrie;
Il s'agit d'elle et rien de plus...
Non, non, pas de galanterie!

HENRI.

Bien! conspirons d'abord, nous causerons après.

FRITELLI, à part.

Ah! d'avoir conspiré, combien j'ai de regrets!

On entend au dehors la voix de Minka qui prélude à sa chanson.

ALEXINA.

Tiens! cette voix!

HENRI, à part.

Minka!

On entend une marche au fond.

FRITELLI.

Chut ! silence! une ronde !

HENRI, coquetant.

Méchante qui me gronde !

ALEXINA.

Nous causerons après.

Henri, Alexina et Fritelli se cachent derrière une draperie à gauche. Des soldats, commandés par Caylus, entrent par le fond droite.

ENSEMBLE.

LES SOLDATS.

Veillons, faisons bonne garde.
Sans bruit nous veillons.
La lune éteint ses rayons;
Mais dans la nuit notre œil regarde.
Que tout dorme, nous veillons!

MINKA, au fond, sans être vue.

Amour, viens dans la plaine
Toute pleine
De fleurs, où le vent
Parfume en rêvant
Son haleine.
Je t'aime et je veux fleurir sous tes pas,
Ou, folle,
Je m'envole
Vers le ciel que tu n'ouvres pas !
Ah! ah! ah !

Caylus, suivi d'un soldat portant un falot, fait le tour de la salle. Fritelli se montre.

CAYLUS, à Fritelli.

Holà ! Qui vive !

FRITELLI.

Moi, Fritelli!

Il va échanger le mot d'ordre avec lui.

NANGIS, apparaissant à droite, à part.

La fenêtre
N'était pas haute, j'ai sauté!...
Je suis en liberté!
Reste à sortir sans me laisser connaître.

Reprise du chœur des soldats qui sortent par la gauche et fin de
la chanson de Minka.

HENRI, sans voir Nangis.

Et maintenant, tous trois, commençons nos exploits.
Nous allons conspirer contre Henri de Valois!

Henri, Fritelli et Alexina sortent par le fond à droite, tandis que
Nangis, sans être vu, franchit une fenêtre au fond et disparaît.

Rideau.

ACTE DEUXIÈME

La grande salle du palais de Laski. Au fond, larges baies donnant sur des salons en fête. — Deux portes à gauche. — A droite, premier plan, une fenêtre; deuxième plan, une porte.

SCÈNE PREMIÈRE

LASKI, SEIGNEURS POLONAIS, DAMES POLONAISES.

INTRODUCTION.

Le rideau baissé, on entend la valse, les éclats de voix des chœurs et la fête qui continue au lever du rideau.

CHŒUR ET BALLET.

Ah! ah!
Valse endiablée,
Emporte-nous
Dans la mêlée,
Qui nous rend fous.
Redouble et presse
Tes pas rhythmés
Qui font l'ivresse
Des cœurs pâmés.
Hurrah!
Hurrah!
Dansons,
Valsons!

Au flot qui nous entraîne,
Enlaçons
Nos chansons.
La valse est reine !
Hurrah ! valsons !

LASKI, aux conjurés mystérieusement.

Pendant la danse,
Avec prudence,
Mais sans effroi,
Songeons à faire
La grande affaire,
Chasser le roi !

LES CONJURÉS.

Nous sommes tous de la noblesse,
Et par le peuple il fut choisi,
Voilà pourquoi ce roi nous blesse,
Et ne doit pas régner ici.

Danse.

TOUS.

Hurrah ! hurrah !

LASKI, bas aux conjurés.

Assez de liesse !
J'attends ma nièce
Qui va venir,
Et nous apprendre
Comment s'y prendre
Pour en finir.

LES CONJURÉS.

Nous sommes tous de la noblesse,
Etc.

Danse.

TOUS.

Hurrah ! hurrah !

UN GROUPE DE DAMES.

Ces Français infâmes,
Je vous le promets,
D'amoureuses flammes
Ne brûlent jamais!

DEUXIÈME GROUPE, répondant.

On dit, au contraire,
Qu'ils passent leur jours,
Sans en rien distraire,
A brûler toujours!

PREMIER GROUPE.

Oui, mais peu fidèle,
Leur amour est vain.
Ainsi l'hirondelle
Voltige sans fin!

DEUXIÈME GROUPE.

Ah! pour la Française,
Quel sort attristant!

PREMIER GROUPE.

Ça la met à l'aise
Pour en faire autant!

Laski danse. — On l'entoure.

LES DAMES, joyeuses.

Seigneur! quelle fête éclatante!

LES CONJURÉS, bas.

Notre projet va réussir!

LASKI, aux dames gracieusement.

Je partage votre plaisir!

Aux conjurés, bas et sérieusement.

Encor quelques moments d'attente!

LES DAMES.

Quelle ivresse! quelle gaîté!

LES CONJURÉS.

A nous, bientôt l'indépendance !

LASKI, aux dames, gaiement.

Oui, mesdames, vive la danse!

Aux conjurés, gravement.

Amis! vive la liberté!

Du côté des conjurés.

Mais de la prudence!

Du côté des dames.

Reprenons la danse.

TOUS.

Hurrah!
Ah! ah! ah!

REPRISE GÉNÉRALE.

Valse endiablée,
Etc.

Tous remontent et sortent par le fond sur le forte de l'orchestre.

SCÈNE II

LASKI, puis ALEXINA.

LASKI.

Ouf! ah! Dieu, ça me donne chaud de conspirer!

Laski s'évente fiévreusement avec son mouchoir.

UN SERVITEUR, annonçant.

Madame la duchesse de Fritelli!

LASKI.

Enfin, vous voici, ma nièce.

ALEXINA, entrant par la gauche, deuxième plan.

Mais qu'avez-vous donc ?... Vous semblez tout ému ? Mon oncle, est-ce qu'il est arrivé quelque chose?

LASKI.

Non, non. Rassurez-vous, c'est... ouf!... C'est seulement le rythme enragé de la... de la conspiration...

ALEXINA.

Ah! très bien.

LASKI.

Oui, comme vous voyez, nous sommes fidèles à la consigne. La fête... la danse... Ah! la Pologne pourra dire que je l'ai délivrée à la sueur de mon front! (Il s'éponge, puis gravement.) L'archiduc ne l'oubliera pas, j'espère!

ALEXINA.

Et il ne tardera guère à vous en récompenser, car selon toute apparence, il sera notre roi demain.

LASKI.

Demain!

ALEXINA.

Je l'espère. Il n'attend pour entrer dans la ville que le départ d'Henri de Valois; et ce départ aura lieu, je pense, cette nuit même; car, cette nuit même, Henri de Valois vous sera livré.

LASKI.

Par qui donc?

ALEXINA.

Par mon mari.

LASKI.

Ah!quoi! vous l'avez décidé si vite! Ah! ma nièce, que

je vous complimente! C'est admirable! vous faites de votre mari tout ce que vous voulez. Et, où est-il, ce cher duc?

ALEXINA.

Là. Il me suit. Il donne nos dernières instructions à un nouveau conjuré qu'il nous amène.

LASKI.

Un nouveau conjuré! qu'il entre vite!

ALEXINA, remontant au fond à gauche.

Venez, messieurs, venez!

SCÈNE III

LES MÊMES, HENRI, FRITELLI.

HENRI, bas à Fritelli en entrant.

Pas un mot, ou pendu!

FRITELLI.

Soyez tranquille. J'ai la gorge serrée comme si je l'étais déjà!

HENRI, s'avance et laisse tomber son manteau, en saluant.

Monsieur!

LASKI.

Un Français!

HENRI, gaiement.

Un Français, oui, qui vient conspirer avec vous contre Henri de Valois.

LASKI, à Fritelli.

Duc, que signifie ?...

Fritelli mime qu'il n'a rien à dire.

ALEXINA.

Le comte de Nangis va vous expliquer lui-même...

LASKI.

Le comte de Nangis !

HENRI.

N'avez-vous pas entendu proclamer par la ville ma dis-grâce?

LASKI.

En effet...

Fritelli mime un « *Ah! vous voyez bien!* »

HENRI.

Alors, vous devez comprendre que je désire me venger!

LASKI.

Pourtant, un revirement si brusque ... Vous, hier en-core, le favori du roi, son ami intime!...

ALEXINA.

Eh bien! précisément!

Fritelli mime la même chose.

LASKI.

Comment cela?

ALEXINA.

Quoi de plus simple! voyons!

COUPLETS.

Rien n'est aussi près de la haine
Que l'amitié!
On est en joie, on est en peine,
Tout par moitié.

Mais qu'on se fâche, on fait paraitre
De la pitié,
D'autant moins qu'on eut pour le traitre
Plus d'amitié!

HENRI.

Madame, c'est qu'entre amis,
Tout est permis.
Bien souvent, seigneur Laski, cher Laski,
Un emploi qui fut le nôtre,
Passe aux mains d'un autre,
Et cet autre, c'est qui?

TOUS.

C'est qui?

HENRI.

C'est un ami!
L'ami le plus intime.
Quel méchant vous a fait victime?
On cherche bien, c'est votre ami!
Un bon ami!
Un vieil ami!
L'ami le plus intime.

TOUS.

Ah! l'amitié sublime
Ne fait rien à demi.

HENRI.

D'un mari seigneur Laski, cher Laski,
Un amant séduit la femme,
A qui faut-il qu'il la réclame?
A qui?

TOUS.

A qui?

HENRI.

A son ami.
Etc.

TOUS.

Ah! l'amitié sublime
Ne fait rien à demi.

HENRI.

Non, messieurs, l'amitié ne fait rien à demi, et surtout
quand elle se venge. Aussi j'ai hâte de savoir ce que vous
avez résolu pour vous débarrasser d'Henri de Valois.

LASKI.

On vous en instruira en temps et lieu, monsieur de
Nangis, quand vous nous aurez d'abord prêté serment de
fidélité.

HENRI.

Tout de suite, si vous voulez.

LASKI.

Non. Tout à l'heure, monsieur, tout à l'heure. Oh! nous
n'agissons pas à la légère, nous autres, Polonais! Tous
nos amis ne sont pas arrivés, et, avant de les réunir dans
cette salle, il est nécessaire que ma nièce fasse le tour de
notre fête... Venez, ma nièce.

HENRI.

Mais, en attendant...

LASKI, montrant Fritelli.

Monsieur le duc vous tiendra compagnie. Il n'a pas besoin de se montrer à la fête. Il y sera dignement représenté par sa gracieuse femme. (Offrant son bras à Alexina.)
Venez, duchesse.

Sortent Laski, Alexina par le fond.

SCÈNE IV

HENRI, FRITELLI.

HENRI, qui est resté stupéfait aux derniers mots de Laski.

Sa femme! Comment! Elle!... (A Fritelli.) C'est ta femme, Alexina!... Parle, voyons! pourquoi ne réponds-tu pas? (Fritelli mime la peur d'être pendu.) Eh bien! tu n'as donc pas entendu ce que je t'ai dit?

FRITELLI.

Vous m'avez dit : Pas un mot ou pendu.

HENRI.

Je te dis maintenant : Parle ou pendu.

FRITELLI.

Je parlerai donc.

HENRI.

C'est ta femme?

FRITELLI.

Si!

HENRI.

Pourquoi me l'avais-tu caché?

FRITELLI.

Parce que...

HENRI.

Parce que quoi?...

FRITELLI.

Mà... vous oubliez...

HENRI.

Quoi donc?

FRITELLI.

Venise!...

HENRI.

Ah! oui! Venise! Bah! cela n'a pas d'importance. Non, non, je t'assure! Une amourette! rien du tout! Tu penses bien, mon pauvre Fritelli... (Se reprenant.) Mon... mon cher Fritelli...

FRITELLI.

Ah! tenez, puisque vous me parlez si amicalement, permettez-moi de vous ouvrir mon cœur. J'aime ma femme.

HENRI.

Je comprends cela.

FRITELLI.

Et si je me suis laissé entraîner à conspirer contre les Français que j'adore au fond... c'était seulement pour...

HENRI.

Pour m'éloigner d'elle, n'est-ce pas?

FRITELLI.

Oui... Je l'avoue... J'ai eu tort et je tremble... Si les Polonais découvraient qui vous êtes...

HENRI.

Oui. Ils ne croiraient pas à la pureté de mes sentiments et je courrais quelque danger...

FRITELLI.

Moi aussi!

HENRI.

Jamais prince n'a eu autant de mal pour gagner une couronne que moi pour perdre la mienne!

FRITELLI.

Si je pouvais seulement sauver ma tête, menacée des deux côtés; du vôtre, si je vous livre; du leur, si je ne vous livre pas.

HENRI, riant.

Ce pauvre Fritelli !

FRITELLI.

Savez-vous ce que vous devriez faire ?

HENRI.

Non !...

FRITELLI.

Eh bien ! vous devriez renoncer à cette conspiration...

HENRI.

Mais pas du tout... Voyons, réfléchis. Elle est menée en dépit du bon sens, votre conspiration ! Vous n'arriverez à rien si je ne m'en mêle pas... Il est donc nécessaire... Mais on vient, qui est-ce ?

FRITELLI, allant regarder au fond.

Ce sont les esclaves d'Albert Laski... Allons par là... (Montrant la porte de droite.) Nous y serons plus à l'aise pour causer. Je tâcherai de vous convaincre.

HENRI.

Laisse-moi donc tranquille ! Tu n'entends rien aux conspirations.

FRITELLI, levant les bras au ciel, à part.

Le fait est que j'ai eu bien tort de me fourrer dans celle-ci.

Ils sortent par la droite.

SCÈNE V

JEUNES FILLES SERVES, puis MINKA, puis NANGIS.

Les jeunes filles serves entrent par le fond.

UNE JEUNE FILLE.

Et Minka ! que fait donc Minka ?

4

UNE DEUXIÈME JEUNE FILLE.

Et ces fleurs qu'elle devait apporter pour madame la
duchesse ?

TOUTES.

La voici !

Minka entre par la gauche, deuxième plan, avec une corbeille
de fleurs.

CHŒUR.

LES JEUNES FILLES.

Ah ! que d'affaire,
Peux-tu donc faire ?
Que l'on préfère
A son devoir.
Que ces corbeilles
De fleurs vermeilles
Soient des merveilles
Par ton savoir

Les jeunes filles entourent Minka.

PREMIÈRE JEUNE FILLE.

Et Minka songe à ses amours,

DEUXIÈME JEUNE FILLE.

De son front les roses sont blêmes.

TROISIÈME JEUNE FILLE.

Quoi cela dure donc toujours?

QUATRIÈME JEUNE FILLE.

Pauvre Minka! combien tu l'aimes.

MINKA.

Gardez-vous de me plaindre ainsi.
J'ai pénétré dans son âme tendre,
Et le ciel m'a donné d'entendre
Ses aveux, car il m'aime aussi.

TOUTES, curieusement.

Vous vous aimez?

MINKA.

Dieu merci !
Mon aimé m'aime aussi !

ENSEMBLE.

Ah ! quelle affaire !
Peut-il se faire,
Qu'il te préfère
A tant de cœurs ?
Quoi, nous, esclaves,
Dans les entraves,
Un jour des braves,
De beaux vainqueurs,
Voudraient nos cœurs.

MINKA.

Un seigneur, pouvais-je m'attendre
A le trouver si doux, si tendre.

TOUTES.

Pour un seigneur, qu'il est charmant !

MINKA.

De lui d'abord, j'eus peur vraiment,
Et me refusais à l'entendre.

TOUTES.

Mais bientôt tu t'enhardissais.

MINKA.

Bien sûr, car en moi je laissais
Chanter ce qui chante en lui-même.

TOUTES.

C'était l'amour !

MINKA.

Je l'aime ainsi qu'il m'aime,
Et dans l'azur, je m'élançais !

TOUTES.

Ah ! les gentils seigneurs français !

ENSEMBLE.

Ah ! quelle affaire !

Etc.

MINKA.

Mais aussi,
Plus de souci !
Tout près d'ici
Je vais le voir pendant la fête.

LES JEUNES FILLES.

Il ne peut pas
Suivre tes pas,
Il est là-bas,
Dans sa prison ; et Minka perd la tête !

MINKA.

Non ! fausse retraite.
Il est libre encor ;
Car l'amour, rien ne l'arrête,
S'il veut prendre son essor.

AIR :

Il est un vieux chant de Bohême
Par des Tsiganes apporté,
Chant d'amour, chant de liberté,
Qui fait espérer quand on aime !

I

L'amour est un dieu
Que rien n'emprisonne,
Et sans feu, ni lieu

Il ne craint personne.
En vain des réseaux
Sont dans le bocage,
Ce roi des oiseaux
Jamais n'est en cage.
A travers filets et glus,
En vainqueur il passe,
Et soudain l'on ne voit plus
Qu'un vol dans l'espace !
C'est l'amour qui passe,
Libre et grand,
Parcourant
Tout l'espace,

C'est l'amour qui passe,
Beau voyageur que rien ne lasse,
C'est l'amour qui passe.

II

L'amour est celui
Que tout a pour maitre;
Quand son jour a lui,
Il faut s'y soumettre.
Astre au feu follet,
En vain on l'évite.
Le cœur qui lui plait
S'embrase bien vite,
Il le touche ! oh ! rien qu'un peu,
Un peu, puis il passe...
Voilà le cœur, tout en feu,
Assoiffé d'espace!

C'est l'amour qui passe,
Etc.

NANGIS, au dehors sous la fenêtre à droite.

Huit jours à Cracovie,

Ce ne fut pas longtemps.
Mais dans ce peu d'instants
J'ai vu s'ouvrir ma vie
A l'éternel printemps.

MINKA, à ses compagnes.

Ecoutez, c'est bien lui ! Partez ! Ma joie est folle !

Regardant autour d'elle.

Tout est bien ordonné !
Terminé !
Auprés de lui, moi, je m'envole !

TOUTES, gaîment.

En vain l'amour est arrêté,
Il sait toujours se mettre en liberté.

REPRISE DE L'ENSEMBLE.

C'est l'amour qui passe,
Etc.

Toutes les jeunes filles sortent par le fond. Minka les quitte pour
sortir du côté droit; Henri et Fritelli lui barrent le chemin.

SCÈNE VI

MINKA, HENRI, FRITELLI.

HENRI.

Où vas-tu?...

MINKA.

Ciel... vous ici !... (Désignant Fritelli.) Et avec un des plus
farouches ennemis du roi !

FRITELLI.

Ce n'est pas vrai !... Moi farouche!... si l'on peut dire !

MINKA, à Henri.

Oui, seigneur, croyez-moi. Il vous a sans doute attiré dans un piège...

HENRI.

Non, mon enfant, rassure-toi!... C'est au contraire dans l'intérêt du roi que nous sommes venus ici pour déjouer cette conspiration, en ayant l'air de nous y prêter.

FRITELLI.

Parfaitement... Nous avons l'air... oui... nous avons l'air, voilà tout...

MINKA, à Henri.

Mais alors, monseigneur... Si je puis vous être utile...

HENRI.

Tu le peux justement...

MINKA.

Ah! tant mieux!... je prouverai donc une fois de plus à M. de Nangis... Il est près d'ici, vous savez...

HENRI.

Oui...Je viens d'entendre sa voix... Et je ne comprends pas comment, l'ayant laissé là-bas en prison...

MINKA.

Nous n'avez donc jamais aimé, monseigneur?

FRITELLI, coupant la parole au roi.

Si... hélas!

MINKA.

Pourquoi, hélas!... L'amour fait faire de si belles choses... Et par exemple... voyez comme il est heureux que M. de Nangis, par amour, se soit évadé... Je vais le prévenir. Il ira chercher les amis du roi...

FRITELLI.

C'est cela... Bravo!

HENRI.

Comment, bravo! Es-tu fou?... Les amis du roi prévenus, la conspiration avorte.

MINKA

Eh bien!...

HENRI.

Je ne le veux pas.

MINKA.

Comment!... Vous êtes donc un ennemi du roi!

HENRI, riant.

Son ennemi, le plus...

FRITELLI.

Intime.

MINKA.

Et c'est pour le trahir que vous avez abusé de ma con
fiance... Ah! c'est indigne!

FRITELLI.

Tais-toi !

HENRI.

Laisse-la dire...

MINKA.

Mais, vous ne profiterez pas de votre perfidie... Vous
serez pendu comme traître à votre roi.?.

FRITELLI.

Tais-toi!

HENRI, riant.

Laisse-la dire...

MINKA.

M. de Nangis est là... Il m'attend... Et je vais lui ap
prendre...

HENRI, se plaçant devant elle.

Hé, là... là... Donner l'alarme... Par la mort Dieu ! t·
n'iras pas...

MINKA;

Laissez-moi...

HENRI, la retenant.

Fritelli, il faut empêcher cette jolie fille de sortir d'ici...

MINKA.

Lâche... Traître... perfide...

FRITELLI.

Tais-tôi... (Ouvrant la porte de gauche, premier plan.) Je vais l'enfermer... ici, monseigneur...

HENRI, galment.

Tu vois que je ne suis pas méchant... Je pourrais te livrer à ton maître... Mais pas un mot... ou tremble...

MINKA, le bravant.

Oh! Minka ne craint pas pour elle-même...

HENRI.

Alors tremble pour Nangis!

MINKA.

Soit... Je me tairai... (Sur la porte.) Mais vous êtes un bien vilain gentilhomme...

Elle sort par la gauche, premier plan.

HENRI, riant, à part.

Pauvre petite!... (A Fritelli.) Enferme-la bien!... (Fritelli enferme Minka à gauche, — Henri pendant ce temps est remonté et regarde au fond, à part.) Oh!... Alexina!... Elle vient de ce côté!... Et le mari!... (Allant à Fritelli vivement.) Tu vois, sans moi... tu étais compromis!...

FRITELLI, le regardant abasourdi.

Oui... oui... (A part.) Je n'y comprends rien du tout!...

HENRI, le poussant vers la porte de droite.

Il faut prévenir le palatin Laski. Que l'on se hâte...une indiscrétion peut tout perdre...

FRITELLI.

Mais...

HENRI, le poussant.

Va donc!... Et songe à ta tête!...

FRITELLI.

Ma tête!... Sauvons-la!... Je vole!...

Il sort.

SCÈNE VIII

ALEXINA, HENRI.

Henri, un instant seul.

HENRI.

Seul avec elle!... Enfin!...

Alexina entre sans voir Henri.

HENRI.

Ah! madame!...

ALEXINA, apercevant Henri.

Vous!...

HENRI.

Je vous retrouve... comme autrefois... à Venise!...

ALEXINA, froide.

Vous avez tort d'évoquer ce souvenir.

HENRI.

Ah! Laissez-moi vous expliquer comment un ordre impitoyable m'obligea, malgré mon amour...

ALEXINA.

Ah! le temps est passé de parler de votre amour... N'abusez pas, pour m'en entretenir, de l'alliance fortuite qui nous unit... Sachez même que cette conspiration me devient presque odieuse à présent que vous en êtes. Car, si je l'avais entreprise, ce n'était pas contre le roi seulement, mais en haine de tous les Français que je déteste, depuis que j'ai eu le malheur de vous connaître.

HENRI.

Quoi... Vous me haïssez !...

DUO.

ALEXINA.

Oui, je vous hais,
Car, pour jouets,
Prenant à l'âme
Ses vœux, sa flamme,
O faux amants,
Tous vos serments,
Fleurs de nos songes,
Sont des mensonges.
Et puisqu'à vous mes vœux, mes songes
Sont des jouets,
Oui, je vous hais !

HENRI.

Me croyez-vous capable
De tromper, de mentir.
J'ai l'air d'être coupable,
Mais, je fus un martyr.

ALEXINA.

Non ! non ! vous n'êtes rien qu'un traître ;
Vous l'avez trop fait voir.
Me quitter et ne plus paraître,
Après m'avoir, hélas, dit : Au revoir !

HENRI.

Je devais obéir,
Ma belle impitoyable.
Aurais-je été capable,
Vous, si belle, de vous trahir ?
Je ne fus pas coupable,
Je suis à vos genoux !...
Rappelez-vous ! Rappelons-nous !

I

Quels soirs divins, nous passions, en rêvant,
Dans la gondole.

ALEXINA.

Quand vous étiez un amoureux fervent
De votre idole.

HENRI.

Je vous aimais et je chantais parfois
Sur ma mandore...

ALEXINA.

Un doux refrain où je mêlais ma voix,
Et que j'adore.

ENSEMBLE

O Venise, la blonde,
Ciel pur, joyeux printemps,
O gondoles sur l'onde,
Beaux paradis flottants!

ALEXINA.

Ah! Taisez-vous! Je veux partir.

HENRI.

Mais le martyr,
Ce fut moi-même!
Quitter celle que j'aime,
Quel désespoir! Quel tourment!

ALEXINA.

Hélas! si vous m'aimiez?...

HENRI.

Je vous en fais serment!
Je vous aimais, et combien tendrement.

II

HENRI.

En vous quittant, je vous baisais la main,
L'âme ravie!

ALEXINA.

Et vous disiez : « Mon amour, à demain,
Et pour la vie! »

HENRI.

Je vous parlais, en attestant les cieux
D'une voix tendre!

ALEXINA.

Mon cœur battait, et je fermais les yeux
Pour mieux entendre !

ENSEMBLE.

O Venise, la blonde,
Etc.

SCÈNE IX

LES MÊMES, FRITELLI.

FRITELLI, paraissant brusquement au fond.

Diavolo!

Il tousse.

ALEXINA.

Ah!

HENRI, se retournant avec hauteur.

Qu'est-ce?

5

FRITELLI.

Rien... rien... pardon... mà, nos amis me suivent... Et je suis heureux d'être venu à l'avance, moi-même, interrompre votre conversation...

HENRI.

Politique, monsieur...

FRITELLI.

Oh! politique, je n'en doute pas... J'ai bien compris tout de suite que la politique seule... la question Vénitienne... Mais voici tous nos conjurés!

SCÈNE X

Les Mêmes, LASKI, LES CONJURÉS

MORCEAU D'ENSEMBLE.

ALEXINA, présentant Henri.

Messieurs, c'est un ami, respirant la vengeance,
Qu'on vous présente ainsi.

HENRI.

C'est un ami !

LASKI.

Mais a-t-il ici
Quelque intelligence !

FRITELLI.

Oui, j'en réponds !

HENRI, à Fritelli.

Merci !

LASKI.

Avant tout qu'il s'engage,
Comme nous, par serment.

ALEXINA, à Henri.

Adieu, le doux langage !

HENRI.

Je suis prêt !

FRITELLI, à part.

Quoi ! Vraiment !
Il va prêter serment !

ALEXINA.

Par l'Evangile et Notre-Dame,
Sur votre honneur et sur votre âme,
Jurez-vous d'obéir à nos lois !
Tout faire pour chasser Valois !

HENRI.

Par l'Evangile et Notre-Dame,
Et sur le salut de mon âme,
Je jure que mon seul effroi,
C'est que Valois soit votre roi !

ENSEMBLE.

FRITELLI.

Il a juré par Notre-Dame,
Par l'Evangile et sur son âme,
D'empêcher le roi d'être roi.
Se moque-t-il d'eux ou de moi ?

TOUS.

Par l'Evangile et Notre-Dame,
Sur votre honneur et sur votre âme,
Vous jurez d'observer ros lois !
Tout faire pour chasser Valois !

HENRI.

Mais vos plans de délivrance,
Dites-les !

ALEXINA.

En voici l'espérance :
Sur la route de France
Sont pour lui des relais.

HENRI.

Bons moyens ! Gardons-les !

ALEXINA.

Au sortir de la ville,
Sans peine on a pourvu :
Un carrosse, prison mobile,
L'emmènera sans qu'il soit vu !

HENRI.

C'est parfait ! mais le roi, vous devez le comprendre,
Pour le mettre en carrosse, il faut d'abord le prendre.

Alexina montre Fritelli.

ALEXINA.

Le duc s'en est chargé !

FRITELLI.

Qui ? moi !
Prendre ainsi le roi !

ALEXINA.

Le mot d'ordre à la garde,
Tous les soirs, il vous est remis.
Le reste nous regarde.
Livrez le tyran aux amis,
Ainsi que vous l'avez promis.

Henri serre la main de Fritelli.

HENRI.

Quel dévouement !

FRITELLI.

Non! non! Trahir mon maître!

Aux conjurés.

C'est un bon prince!

A part.

Ils vont me compromettre!

HENRI, bas à Fritelli.

Imbécile! Tais-toi!

FRITELLI.

Me taire!... Eh! non, ma foi!
Messieurs, écoutez-moi!
Ah! si le roi
Vous entendait! Songez à sa colère;
Et pour vous, quel effroi!

LES CONJURÉS.

Si toi, tu veux lui plaire,
Nous sommes, nous, conspirateurs.

FRITELLI.

Ah! devenez ses serviteurs!
Pour vous quelle espérance!
Tous les droits
Et des croix.

TOUS.

Le renvoyer en France,
Voilà mon désir bien fervent.

HENRI.

C'est très bien!

FRITELLI.

Mais en l'enlevant,
Réfléchissez que l'on s'expose...
Pour quoi? Plus ça change souvent,
Plus c'est la même chose.

TOUS, sauf HENRI, ALEXINA, LASKI.

C'est vrai! plus ça change souvent,
Plus c'est la même chose.

FRITELLI.

Ah ! j'ai raison !

HENRI.

Mais non !

FRITELLI.

Mais si.

HENRI, LASKI, ALEXINA.

Il a grand tort !

LES CONJURÉS.

Il a raison !

HENRI.

Ce pleutre, si
Transi,
Suffit-il pour qu'ici
Chacun s'effraye ainsi !

ALEXINA.

Oui, de peur, cet homme est transi.
Mais, quoi, s'il perd la tête,
La perdrez-vous aussi ?

LES CONJURÉS.

Non, rien ne nous arrête,
Que Valois
Subisse nos lois.

HENRI.

Il le fera, si vos exploits
Sont prêts pour sa déroute.
Marchons vers le succès.

LES CONJURÉS.

Et dès demain en route,
Ce Valois et tous les Français !

ALEXINA.

Allons vite !

HENRI.

Oui, cueillons le fruit
D'un complot qu'il faut mener vite.
C'est aux premiers qui l'ont conduit
Qu'un changement profite.

LES CONJURÉS.

Toujours à ceux qui l'ont conduit,
Le changement profite.

HENRI.

Ah ! j'ai raison !

FRITELLI, secouant un des conjurés.

Mais non, oison !

A tous les autres.
Il a grand tort !

LES CONJURÉS.

· Il a raison !

FRITELLI.

Je vois sur votre tête,
Plâner le châtiment.

ALEXINA.

Mon mari perd la tête,
Pauvre tête, vraiment !

HENRI, aux conjurés.

Il faut que l'on décrète
D'agir dans un moment !

LASKI, même jeu.

Notre fortune est prête.
Hâtons le dénouement.

HENRI, LASKI, ALEXINA.

Plus rien ne vous arrête.
Marchez donc hardiment,
Et qu'enfin chacun prête
Ce serment :

Par l'Evangile et Notre-Dame,
Et sur le salut de notre âme,
Nous jurons d'observer nos lois !
Tout faire pour chasser Valois!

REPRISE DE L'ENSEMBLE.

FRITELLI.   TOUS.

Il a juré...   Par l'Evangile,
   Etc!...   Etc...

LASKI.

Et maintenant, messieurs, il s'agit de prendre le roi.

FRITELLI, goguenard.

Oui, rien de plus... Ah! mon Dieu! c'est bien simple, comme vous voyez...

HENRI.

Très simple, en effet !

ALEXINA.

Douze des nôtres vont, grâce au mot d'ordre, pénétrer dans le palais et se saisir de Sa Majesté...

FRITELLI, regardant Henri.

Dans le palais !... Sa Majesté... voilà justement où c'est moins simple !...

HENRI.

Pourquoi donc!... Si vous ne tenez pas votre promesse, vous, de livrer le roi, il en est d'autres qui sans avoir rien promis...

FRITELLI.

D'autres ! par exemple ! je me demande qui ?...

HENRI.

Moi !

FRITELLI.

Vous !

TOUS.

Oui... lui!...

HENRI.

Moi-même! osez donc dire que je n'en ai pas le moyen.

FRITELLI.

Si... si... parbleu... vous... il vous suffit d'un mot... (Bas.) Mais, vous ne le direz pas...

HENRI.

Pourquoi?...

FRITELLI, en s'éloignant avec Henri.

Pour eux, vous êtes le comte de Nangis. Comment prouver que vous êtes le roi, sans faire intervenir les Français... et alors M. de Villequier...

HENRI.

C'est juste! (A lui-même.) Que faire? Il faudrait trouver... (Frappé d'une idée.) Ah! (Haut.) J'ai un moyen de vous livrer le roi...

TOUS.

Ah!

FRITELLI.

Comment?

HENRI.

Dans quelques minutes... grâce à moi, il sera ici.

TOUS.

Ici ?

ALEXINA.

Un vrai miracle alors!

HENRI, gaîment.

N'êtes-vous pas de celles pour qui l'on en fait !... oui...

5.

un miracle... quelque chose comme une évocation magique.. Mais, pour mon miracle, j'ai besoin d'être seul...
Retirez-vous...

ALEXINA.

Mais...

HENRI.

Oh! pour un instant seulement... Dissimulez-vous derrière ces tentures...

ALEXINA.

Obéissons, messieurs !

Les conjurés sortent par le fond.

FRITELLI, à part, pendant le mouvement.

Où veut-il en venir? Je suis très inquiet... et comme chambellan, et comme mari !

Il disparaît.

SCÈNE XI

HENRI, MINKA.

HENRI.

Vite maintenant!... (Il va ouvrir la porte de gauche, premier plan.) Minka ! Minka !

MINKA, paraissant.

C'est vous ?

HENRI, bas.

Silence! écoute... Tu as bien compris que tout à l'heure je jouais un rôle...

MINKA.

Avec ce misérable Fritelli !

HENRI.

Chut!... Plus bas... Je suis ici pour sauver le roi !...

MINKA.

Dites-vous vrai ?

HENRI.

Où est Nangis?

MINKA.

Mais...

HENRI.

Ici près... et il ignore le complot qui menace les Français...

MINKA.

En effet... je n'ai pu lui dire...

HENRI.

Eh bien... il faut qu'il sache... qu'il vienne...

MINKA, méfiante.

Une nouvelle trahison !...

HENRI, très dignement.

Regarde-moi bien, mon enfant... Il s'agit de sauver le roi... foi de gentilhomme !...

MINKA.

Je vous crois... M. de Nangis va venir...

HENRI.

Ici ?...

MINKA, souriant.

Il sait le chemin... Laissez-moi faire !...

HENRI, remontant.

Bien... je guette là-bas...

MINKA, à elle-même.

Mon Nangis est brave... je ne crains rien...

Elle s'approche de la fenêtre, tandis que Henri se dissimule dans une tenture au fond.

SCÈNE XII

MINKA, puis NANGIS, puis TOUS LES CONJURÉS.

MINKA, s'approchant de la fenêtre.

Ah ! viens ! Minka fidèle
Tiendra son doux serment.
Voici l'instant charmant
D'être heureux auprès d'elle.
Viens donc l'apprivoiser
Aux amoureuses fièvres
Où son cœur veut puiser..

Nangis a escaladé le balcon pendant ce couplet.

ENSEMBLE.

NANGIS.	MINKA.
A ta flamme, baiser,	A ta flamme, baiser,
Vont s'embraser nos lèvres.	Vont s'embraser mes lèvres.

MINKA.

Cher amour !

NANGIS, l'enlaçant.

O Minka ! dans mes bras te voici !
Quel rêve ! Merci !

Henri, Laski, Alexina et les conjurés paraissent brusquement
mais sans qu'Henri se montre encore à Nangis.

MORCEAU D'ENSEMBLE.

MINKA.

Ah !

NANGIS.

Qu'est-ce ceci ?

TOUS LES CONJURÉS.

Il est pris, la chose est faite.
Notre victoire est parfaite.
Il est pris, et dès demain,
Cette Altesse trop altière
Nous allons de la frontière
Lui rapprendre le chemin.

MINKA, navrée.

Il est pris, et par moi !

LASKI, à Minka.

A toi, la réussite !

ALEXINA.

Oui, Minka! je te félicite !
Car sans toi
Nous n'avions pas le roi!

MINKA, stupéfaite.

Le roi!

FRITELLI, à part.

Quel roi!

Nangis!

NANGIS.

Quelle est cette plaisanterie!
Que me voulez-vous, je vous prie!
Montrant Minka.
A sa voix je me suis rendu.

MINKA, à part.

C'est moi qui l'ai trahi, c'est moi qui l'ai perdu!

NANGIS.

Est-il donc défendu
De courtiser, d'aimer...

LASKI.

Mon esclave?

MINKA, à part.
Je tremble!

NANGIS.

Mais s'il ne vous plaît point,
Monsieur, de nous trouver ensemble,
Vive Dieu! dague au poing !
Je suis le comte de Nangis.

ALEXINA.

Nangis? Nangis? Vous n'êtes pas Nangis.

NANGIS.

Hein! Quoi!

ALEXINA.

Vous n'êtes point Nangis.

NANGIS.

Je ne suis pas Nangis.

HENRI, à part.

Pauvre Nangis!

TOUS.

Vous n'êtes pas Nangis.

LASKI.

La ruse est subtile;
Mais, vraiment ici
Elle est inutile.

ALEXINA, démasquant Henri.

Nangis! Le voici !

NANGIS.

Nangis! Mais c'est...

HENRI, s'avançant et l'interrompant.

C'est moi!
La ruse est subtile
De passer pour moi!
Mais, ruse inutile.
C'est moi, Nangis! C'est vous, le roi !

ENSEMBLE.

NANGIS, ébahi.

Je suis le roi!

TOUS.

C'est vous le roi!

FRITELLI, étonné.

Il est le roi!...

MINKA, avec douleur.

Hélas! c'était le roi!

TOUS, saluant.

Sire! Sire! Sire!

HENRI, bas à Nangis et le saluant.

Ton roi l'ordonne,
Prends sa place, que pour un instant il te donne...

TOUS.

Sire! Sire! Sire!

NANGIS, résolument.

Eh bien, ma foi!
Soyons le roi!...

COUPLETS.

I

Je suis le roi! Je suis le roi!
Mon règne est ouvert, qu'il commence?
Mais pour régner faut-il l'effroi?
Non! non! j'aime mieux la clémence!
A Henri.
Nangis, toi, mon meilleur ami!
Je t'ai puni, j'en ai gémi.
Pardon, Nangis, pardon! car je te nomme
Grand-maître et premier gentilhomme.

TOUS.

Grand-maître et premier gentilhomme.

NANGIS.

Je suis le roi!
Tout pour Nangis, voilà ma loi!

HENRI, à part.

Il est le roi,
Mais il se moque un peu de moi!

ENSEMBLE.

FRITELLI.

Il est le roi!
Je me demande encore pourquoi.

LES CONJURÉS, entre eux.

Voilà le roi
Qui nous ferait subir sa loi.

NANGIS.

Je suis le roi!
Tout pour Nangis, voilà ma loi!

II

Je suis le roi! le roi galant!
Veut-on me chasser, que m'importe!
Je ne perds rien en m'en allant,
Montrant Minka.
Son cœur me reste et je l'emporte!
O toi Minka, mon cher amour,
Si je ne dois régner qu'un jour,
De ma splendeur d'un jour, je te fleuronne.
O ma reine! A toi ma couronne!

TOUS.

Il lui donnerait la couronne!

NANGIS.

Je suis le roi!
Tout pour l'amour! voilà ma loi!

REPRISE DE L'ENSEMBLE.

MINKA, à part.

Le roi!... C'est le roi!...

NANGIS, à Henri.

Voudras-tu bien me dire à présent, mon cher Nangis, quelles sont vos intentions à l'égard de ma royale personne.

HENRI.

Sire, ces messieurs et moi, nous avons résolu de vous faire partir cette nuit!

NANGIS, regardant Minka.

Jamais!

LASKI.

Nous saurons bien!...

LES CONJURÉS.

Oui, oui...

MINKA, à part.

Mon Dieu!...

NANGIS.

Prenez garde, messieurs; j'ai des amis prêts à me venger...

MINKA, à part.

Que faire?...

NANGIS.

Songez-y bien! Le châtiment sera terrible!

HENRI, à part.

Il va tout compromettre!... (Haut.) Sire, je vous en prie!... (Bas, à Nangis.) Tais-toi!... (Haut.) Soyez sans inquiétude, messieurs, le roi partira. (A Laski.) Le carrosse est prêt, n'est-ce pas?...

LASKI.

Tout prêt.

HENRI.

Et afin de m'assurer que le roi passe la frontière, je vous demande la permission de l'accompagner.

ALEXINA.

Vous !

MINKA, à part.

Lui !

FRITELLI, vivement.

Oui... oui... Il le faut... dans mon... intérêt... dans notre intérêt à tous.

MINKA, à part.

Le traître !

NANGIS, regardant Henri, à part.

Très bien... Je comprends !...

FRITELLI, à part.

Enfin ! Je l'éloignerai donc de ma femme !...

NANGIS.

Mais, messieurs...

HENRI.

Messieurs, le roi se résigne... (A part, à Nangis.) Obéis. (Haut.) Recevez nos adieux !

LASKI.

Un instant... quelques dernières dispositions à prendre... Sire...

HENRI.

Plaît-il ?... Ah ! pardon... (A Nangis.) Sire... Sire... c'est à vous que s'adresse le noble palatin...

NANGIS.

Que me veut-il, le noble palatin ?...

LASKI.

Vous prier, sire, de vous retirer quelques instants dans mon oratoire...

HENRI.

Messieurs, Sa Majesté daigne se retirer... (Bas à Nangis.) Va... va...

Il le conduit près de l'oratoire à gauche, premier plan.

NANGIS, à part.

Si je pouvais prévenir nos amis...

Il entre dans l'oratoire.

LASKI.

Minka, retire-toi de même!... (Montrant la droite.) Par là!

MINKA, s'incline et à part avant de sortir.

Comment le sauver! Que faire?... Il le faut pourtant!...

SCÈNE XIII

LES MÊMES, moins MINKA et NANGIS.

LASKI.

Messieurs, vous avez entendu le roi. Il nous a menacés de représailles. Reconduit hors de Pologne, il y peut revenir, en effet, avec une armée.

HENRI.

Oh! Je suis sûr que non...

LASKI.

Il y a un moyen d'en être tout à fait sûr.

ALEXINA.

Lequel?

LASKI.

C'est de ne pas le laisser sortir d'ici vivant!

HENRI, à part.

Diable!

ALEXINA.

Quoi, vous voulez!...

LASKI.

Qu'avons-nous à craindre?... Le roi était cette nuit en galante aventure. Nous ferons croire qu'il a été surpris et frappé par un rival.

HENRI.

Cependant...

ALEXINA.

Vous avez tort, mon oncle.

HENRI.

Grand tort!

ENSEMBLE.

LES UNS.

Mais non.

D'AUTRES.

Si...

D'AUTRES.

C'est grave!

D'AUTRES.

C'est le salut!

D'AUTRES.

Rien à craindre.

LASKI, élevant la voix.

Messieurs, vous avez juré!...

TOUS.

Oui... oui... qu'il meure!...

Pendant l'accord musical.

HENRI, à part.

Diable!...

FRITELLI, à part.

Per Bacco!...

FINALE.

LASKI.

Avant une heure,
Il faut qu'il meure.
Arrêt voté
A l'unanimité!

LES CONJURÉS.

Avant une heure,
Il faut qu'il meure.
Arrêt voté
A l'unanimité!

ALEXINA.

C'est affreux pour notre cause.

LES CONJURÉS.

Arrêt voté!

HENRI.

A sa mort, moi, je m'oppose.

LES CONJURÉS.

Arrêt voté
A l'unanimité!

FRITELLI, bas, au roi.

Pour mon salut comme eux, à regret, j'ai voté.

HENRI, à Fritelli.

Je n'attendais pas moins de ta fidélité!

Aux conjurés.

Soit! Si tel est messieurs, votre avis que j'estime.

Mais il ne faudrait pas vous tromper de victime!...
Vous voullez détrôner le roi,
Nul n'y tient plus que moi, je crois.
Mais, puisque la mort le menace,
Je ne veux pas qu'un autre au moins prenne sa place.
Si vous devez frapper le Roi,
Frappez! Voici le Roi!

Il découvre sa poitrine.

ENSEMBLE.

LASKI et LES CONJURÉS, stupéfaits. FRITELLI, stupéfait.

Vous êtes le Roi!   Il se dit le Roi!

HENRI.

C'est moi le Roi!

ALEXINA.

Lui, le Roi! mais c'est faux! Il ment!
Il parle ainsi par dévouement.
De son maître, il prendrait la place.
Il veut sauver le Roi
Du coup qui le menace,
D'une erreur n'ayez pas l'effroi.
Non! ce n'est pas le Roi!

ENSEMBLE.

LASKI et LES CONJURÉS.   HENRI.

Il n'est pas le Roi!   Si, c'est moi le Roi!

FRITELLI.

Grand Dieu! quel désarroi!

ALEXINA.

Vous n'êtes pas le Roi!

HENRI.

Fritelli, tu me connais, toi!
Dis-leur donc que je suis le Roi!

FRITELLI, à part.

Il m'a commandé le silence.
Sinon, la corde et je balance.

ALEXINA, LASKI, LES CONJURÉS, à Fritelli.

Eh bien ?

FRITELLI, résolument.

Vous n'êtes pas le Roi !

HENRI.

Je ne suis pas le Roi !

TOUS.

Il en convient !

HENRI.

Mais non, c'est moi, le Roi !

TOUS, résolument.

Non ! non ! Vous n'êtes pas le Roi !

LASKI, montrant l'oratoire.

Le Roi s'est dénoncé lui-même.
Il est là ; c'est bien certain.
Et voici l'instant suprême
De fixer son destin.

LASKI et LES CONJURÉS.

Avant une heure,
Il faut qu'il meure !
Arrêt voté
A l'unanimité.

HENRI, regardant l'oratoire et mettant la main sur la garde de son
épée.

Nangis, je dois pour ta vie...

LES CONJURÉS.

Arrêt voté !

ALEXINA, qui a vu le regard et le geste d'Henri.

Vain dévouement, folle envie !

LES CONJURÉS.

Arrêt voté
A l'unanimité.

LASKI.

Et maintenant que chacun signe
Son vote et sans effroi,
Puis que le sort désigne
Qui va frapper le Roi !

LES CONJURÉS, écrivant sur un carnet.

Oui, que le sort désigne
Qui va frapper le Roi !

ENSEMBLE.

LES CONJURÉS, chacun à part.

Mais, frapper un Roi !
La besogne est grave,
Et quoique fort brave,
Je sens quelque effroi !
Ma foi, je désigne,
Pour fuir tout émoi,
Cet autre plus digne
Et plus sûr que moi.

HENRI, à part.

Quel instant d'émoi !
Pour Nangis, c'est grave !
Lui, si bon, si brave,
Il mourrait pour moi.
Non, cela m'indigne,
C'est mon seul effroi.
Mais quoi ! par quel signe
Prouver qu'on est roi !

ALEXINA.

Quoi, frapper un Roi !
Mais le risque est grave.
Aussi, le plus brave
Sent-il quelque effroi.
Nul ne s'y résigne
Sans pâlir : et moi,
Mon âme s'indigne,
Tremblante d'émoi.

FRITELLI.

Quoi, frapper le Roi !
Cette affaire est grave,
N'étant pas très brave
Je suis plein d'effroi ;
Il faut que je signe.
Pourtant, quel émoi !
Allons, soyons digne,
Je n'écris rien, moi !

FRITELLI, donnant son bulletin.

Voici mon nom.

A part.
J'ai fait en sorte
De n'avoir pas peur qu'il sorte ;
Je n'ai rien mis.

Haut.
Voici mon nom.

LES CONJURÉS, mettant leurs bulletins dans une urne que leur
présente un serviteur.

Voici mon nom !

Chacun à part.
Je n'ai pas peur qu'il sorte.

Désignant Henri.
J'ai mis le sien !

Haut.
Voici mon nom !

LASKI, à Henri.
J'ai mis le vôtre aussi.

HENRI.
Trop bon !

LASKI, à Alexina lui tendant l'urne où sont les noms.
Par ta main, ma nièce,
Que celui-là soit choisi
Qui doit frapper...

TOUS.
Allons, duchesse.

ALEXINA, hésitant.
Vous le voulez ?

TOUS.
Il le faut !

ALEXINA, tirant un bulletin.
Le voici !

LASKI.
Lisez !

TOUS.
Lisez !

ALEXINA, lisant.
Nangis !

LASKI, à Henri.
C'est vous !

6

HENRI.

Qui ?... Moi !

TOUS.

Vous-même !

HENRI, gaîment.

Le sort m'impose un étrange problème.

LASKI.

Vous hésitez ?

HENRI.

Non pas.

LASKI.

Vous avez fait serment.

HENRI.

Je le tiendrai.

A part.

Nangis, nous pourrons nous entendre.

LASKI, montrant l'oratoire.

Entrez dans l'oratoire et frappez sans attendre.

HENRI, s'y dirigeant, à part.

Tous deux, s'il faut mourir, nous mourrons bravement.

Haut et résolument.

Allons !

La porte de l'oratoire s'ouvre. — Minka paraît.

MINKA.

Il est parti !

TOUS.

Minka !

LASKI.

C'est toi, je crois,

Qui nous trahis.

MINKA.

C'est moi ! oui ! j'ai sauvé le roi !

LASKI.

Ah ! tu mourras !

MINKA.

Maître, prenez ma vie !
Mourir pour lui, c'est le sort que j'envie.
Je vous ai payé, sans remord,
Un guet-apens d'un stratagème.
Pour moi, que m'importe la mort,
Si j'ai sauvé celui que j'aime !

LASKI, la menaçant.

Misérable !

HENRI.

Arrêtez !

LASKI.

Mais nous sommes perdus !
Les Français avant peu vont être ici rendus.

TOUS.

Oui ! oui !...

Entrent les invités qui accourent aux cris : les conjurés affolés
vont leur dire ce qui se passe.

HENRI.

N'attendez pas qu'ils viennent, fuyez vite !

LASKI, à Henri.

Quant au serment...

HENRI.
Je le tiendrai.

LASKI.

Le roi...

HENRI.
Je le supprimerai.

MINKA, qui a entendu.

Juste ciel !

HENRI, à Alexina.

Nous partons!

FRITELLI.

Sans moi !

HENRI.

Bon, je t'invite.

LES INVITÉS, s'avançant.

Les Français vont venir
Nous punir.

LASKI.

Il ne nous reste plus qu'à fuir.

TOUS.

Oui, fuyons !

HENRI.

Fuyez vite !
Moi, cependant, je l'ai juré.
Jusqu'au bout des choses j'irai.
Oui, de Valois et de sa race,
Aujourd'hui, je vous débarrasse.
Je tiendrai le pacte juré.
Par l'Evangile et Notre-Dame,
Sur mon honneur et sur mon âme,
J'ai juré d'observer vos lois;
Tout faire pour chasser Valois !

ENSEMBLE.

TOUS.

Par l'Evangile et Notre-Dame,
Sur son honneur et sur son âme,
Il jure d'observer nos lois ;
Tout faire pour chasser Valois !

Rideau.

ACTE TROISIÈME

Une grande salle d'auberge. Au fond, une grande fenêtre ouverte sur la campagne. Deux portes à gauche. Au fond à droite, dans un pan coupé, la porte d'entrée. Porte à droite, premier plan, une table à gauche. Une niche avec un saint, contre le mur à droite.

———

SCÈNE PREMIÈRE

BASILE, OUVRIERS et OUVRIÈRES, puis FRITELLI.

Au lever du rideau, on achève de placer des trophées, étendards, fleurs, etc.

INTRODUCTION.

TOUS, travaillant.

Hâtons-nous! activons la besogne,
C'est notre devoir,
De bien recevoir
Le nouveau roi de Pologne.
C'est le jour fêté
Pour sa Majesté
Sainte et catholique;
Dans la basilique,
Le roi va prêter serment.
Ce jour est charmant;
C'est le jour du couronnement.

6.

Enlaçons des fleurs
Aux vives couleurs,
Et dressons des trophées !
Vous, bien étoffées,
Prenez votre essor,
Bannières de soie et d'or !

FRITELLI, entrant enveloppé d'un manteau.

Holà ! c'est moi, mon bon Basile.

BASILE, empressé.

Monsieur le duc de Fritelli !
Ah ! monseigneur !

FRITELLI.

Ce bon Basile !

BASILE, montrant les préparatifs.

Est-ce bien ?

FRITELLI.

Oui, très embelli.

BASILE.

Dame !... au roi quand on donne asile !

FRITELLI.

Quel roi ?

BASILE.

Henri.

FRITELLI.

Ce n'est plus lui
Qu'on couronne aujourd'hui.
C'est l'autre,
Lui va partir.
Des rois, aux temps tels que le nôtre,
Le métier, c'est d'entrer et sortir.

BASILE.

Pour nous, l'impôt n'est pas si bon apôtre,
Toujours, il rentre, hélas !

FRITELLI.

Quoi ! n'est-ce pas très légal ?

BASILE.

Oui !... Donc, changer de roi, cela m'est bien égal,
Car nous payons à l'un autant qu'à l'autre.

FRITELLI.

A nous ses dons,

BASILE.

Que nous soldons ;

FRITELLI.

Et ses cadeaux,

BASILE.

Sur notre dos.

FRITELLI.

Un roi qui vient, c'est un régal,

BASILE.

Qui m'est égal.

FRITELLI.

Nouveau pouvoir !

BASILE.

Pareil devoir !

FRITELLI.

Pour nous, toujours à recevoir !

BASILE.

Tout payer, ne rien recevoir.

ENSEMBLE.

FRITELLI.

Aussi, je dis : Si ça vous est égal,
Roi nouveau, pour moi quel régal !
Montrant les écussons et les bannières.
Donc, acclamons l'archiducal !

BASILE.

Aussi, je dis : Légal ou non légal,
Roi nouveau, cela m'est égal.

Montrant les écussons et les bannières.

Donc, acclamons l'archiducal !

REPRISE DE L'ENSEMBLE.

Hâtons-nous,
Etc...

BASILE, congédiant les ouvriers.

Vive l'archiduc !

TOUS, en sortant par la gauche.

Vive l'archiduc!

SCÈNE II

BASILE, FRITELLI, HENRI.

HENRI, entrant par le fond, à droite.

Vive l'archiduc!

FRITELLI, courant à lui, à voix basse.

Grand Dieu! Que faites-vous?

HENRI.

Dame! Je fais comme tout le monde; j'acclame le nou
veau roi. N'ai-je pas bien travaillé pour lui?

FRITELLI.

Sans doute.

BASILE.

Oh! moi aussi, monseigneur.

HENRI.

Merci, brave hôtelier. Et qu'as-tu fait?

BASILE.

Tout ce qu'on m'a commandé... sans rien comprendre, mais avec un zèle!! C'est ainsi qu'hier, j'ai tout préparé pour le départ d'Henri de Valois.

HENRI.

A la bonne heure! Alors, vite! Où sont tes chevaux, tes gens? Je suis le comte de Nangis, envoyé en avant comme courrier...

BASILE.

C'est que... je vais vous dire, monsieur le comte; cette nuit, j'ai reçu contre-ordre.

HENRI, à Fritelli, bas.

Oui, quand le palatin a fait voter ma mort.

FRITELLI, bas.

Sans doute.

BASILE.

Et mes chevaux et mes gens sont allés à la rencontre de l'archiduc d'Autriche.

HENRI.

Diable! Je ne pourrais pas partir!

FRITELLI.

Quel contre-temps!

HENRI, à Basile.

Quoi! Tu n'as plus un seul cheval, une seule voiture?

BASILE.

Si, j'ai bien quelque chose; mais ce n'est pas digne de M. le comte. Une simple carriole, attelée d'une vieille haridelle...

HENRI.

N'importe! Je m'en contenterai.

FRITELLI.

Avec un bon cocher!

BASILE.

Mais c'est que je n'en ai plus, de cocher.

HENRI.

Bah! Je conduirai moi-même. Va.

FRITELLI.

C'est cela.

BASILE.

Mais monsieur le comte ne connaît peut-être pas le pays?

HENRI.

En effet.

BASILE.

Il me reste bien à la maison une servante qui pourrait servir de guide...

FRITELLI.

Parfait! Parfait!

HENRI.

Eh! oui, que ne le disais-tu tout de suite? Allons, dépêche-toi. Attelle ta carriole, vite. Avant une demi-heure, je veux être parti.

BASILE.

A vos ordres, monsieur le comte! Vous voyez... sans comprendre toujours mais avec un zèle!...

SCÈNE III

HENRI, FRITELLI.

HENRI.

Un vrai zèle, en effet. Tiens, prends modèle, Fritelli.

FRITELLI.

Moi, Sire!... Mà, ne suis-je pas tout dévoué?...

HENRI, narquois.

Pas tant que ça. Et la preuve, c'est que tu t'es arrangé pour nous séparer de la duchesse, qui devrait être avec nous.

FRITELLI.

Mà... vous savez bien que son oncle a exigé qu'elle l'accompagnât auprès de l'archiduc!

HENRI.

Ta! ta! ta! C'est toi qui as soufflé cela au palatin.

FRITELLI.

Si l'on peut dire!...

HENRI, moqueur.

Je regrette beaucoup la duchesse. Elle m'est si dévouée!... Elle a si bien conspiré contre moi... Elle se donne tant de mal pour mettre l'archiduc à ma place!...

FRITELLI.

Que vous lui en savez gré!...

HENRI.

Dame!... Son dévouement est spontané... tandis que le tien... Avoue qu'au fond, tu ne songes qu'à une chose... m'éloigner de ta femme...

FRITELLI.

Sire... une telle idée!...

HENRI.

Et ce n'est pas là, entends-tu, agir en bon ami... Moi qui voulais vous emmener en France tous les deux, te combler d'honneurs, te... Tiens! tu n'es qu'un ingrat!...

FRITELLI, courant vers la porte qui donne sur la campagne.

J'entends du bruit sur la route... Prenez garde... Ce sont peut-être vos amis, qui doivent être à votre recherche... S'ils vous découvraient, vous ne pourriez plus partir. Ne vous montrez pas!...

HENRI, montrant la chambre de gauche.

C'est juste!... Là, dans cette chambre, je vais m'enfermer...

FRITELLI.

Très bien... Moi, je vais presser Basile. Et quand tout sera prêt... je viendrai vous prévenir... N'ouvrez qu'à moi seul surtout...

HENRI, sortant par la porte latérale de gauche.

Entendu !

SCÈNE IV

FRITELLI, puis ALEXINA.

FRITELLI.

Oh! oui! Je vais presser Basile!... (Se frottant les mains.) Allons! allons, Fritelli!... Tout marche bien. Dans un moment la carriole sera en route vers la France... et alors... Ah! je crois bien que j'ai tout fait pour l'éloigner et pour que ma femme... Non pas que je doute de sa fidélité ! Mais cependant, si elle avait appris que son galant de Venise était le roi, on ne sait pas!... La royauté a tant de prestige pour les femmes.

ALEXINA, entrant par le fond, à droite.

Enfin, je vous trouve.

FRITELLI.

Vous!

ALEXINA.

Je pensais bien que vous étiez venu ici. Et avec le comte de Nangis, n'est-ce pas?

FRITELLI.

Lequel?

ALEXINA.

Comment, lequel? Vous devenez fou. Mais notre complice de cette nuit, voyons! Où est-il? Je veux le voir.

FRITELLI.

Le voir? Pour lui faire vos adieux, sans doute?

ALEXINA.

Non, pour lui annoncer au contraire une bonne nouvelle. J'ai tout arrangé.

FRITELLI.

Plaît-il?

ALEXINA.

Nous n'avons plus rien à craindre, ni lui, ni vous, ni
moi. J'ai été trouver l'archiduc et je lui ai dit: « Monseigneur, tout est découvert. Votre cause est perdue!... »

FRITELLI.

Vous lui avez dit cela?

ALEXINA.

Oui; et sur mes conseils il renonce à la couronne. En
ce moment, il galope sur la route d'Autriche.

FRITELLI.

Eh bien! vous avez eu là une heureuse idée!

ALEXINA.

N'est-ce pas? Nous prouvons ainsi à Henri de Valois
que nous n'étions parmi ses ennemis que pour déjouer
leur complot. Et, au lieu de punir votre trahison, il ré-
compensera notre dévouement.

FRITELLI.

Mà, on n'a jamais vu un revirement pareil!

ALEXINA.

Bah! Mais alors qu'est-ce que c'est donc que la politique?

FRITELLI.

La politique, madame, n'a rien à faire là-dedans. Ne

7

cherchez pas à m'en imposer. Si vous voulez retenir le
roi et les Français, je sais bien pourquoi.

ALEXINA.

Pourquoi, je vous prie?

FRITELLI.

C'est pour reprendre avec votre... votre Naugis...

ALEXINA.

Reprendre quoi, monsieur?

FRITELLI.

Eh! per Bacco! Je ne sais pas. Mais quoi que ce soit,
je ne veux pas que cela recommence, voilà tout.

ALEXINA, détachant chaque syllabe.

Vous... ne... voulez... pas?...

FRITELLI, même jeu.

Je ne veux pas! Est-ce clair?... Je ne veux pas que
vous poursuiviez ici... ce que vous avez commencé là-
bas... Nous ne sommes plus à Venise, madame, nous
sommes en Pologne! Et si vous étiez devenue là-bas une
demi Vénitienne, moi, je suis devenu ici un double Polonais !

COUPLETS.

I

Je suis du pays des gondoles.
Parbleu, là-bas, je sais comment
Les femmes, qu'on traite en idoles,
Font les yeux doux à leur amant.
On soupire, on rêve, on se pâme,
En gondole on fait des repas,
Et personne ne vous en blâme,
C'est la coutume de là-bas.
Mais en Pologne, ici, nous sommes
Un pays d'ours très mal léchés,

Où l'on ne charme pas les hommes,
Avec de petits airs penchés.
Ici bonsoir la farandole
Que dansent les bonnets fleuris !
Pas d'autres que vos chers maris,
Pour vous faire aller en gondole !

II

A Venise, on voit tout en rose,
On aime en vers. Et quels sonnets !
Toujours ça se termine en prose.
Le trait final, je le connais !
Sous prétexte que le Vésuve
Est au midi, là-bas, fumant,
L'Italie est comme une étuve.
On brûle naturellement !
Mais, en Pologne ! Ah ! diable ! Ah ! diantre !
On porte des peaux de moutons,
On a des bottes jusqu'au ventre
Et des bonnets jusqu'au menton.
Ici la glace en girandole,
Les cœurs gelés, les nez rougis.
Les femmes restant au logis,
Ne montent jamais en gondole !

ALEXINA.

Vous êtes absurde !

FRITELLI.

Soit ! c'est tout ce que je veux être. Rien de plus !

ALEXINA.

Laissez-moi du moins apprendre à M. de Nangis... Où
est-il, voyons ?

Elle va regarder par la porte donnant sur la cour à gauche.

FRITELLI, à part.

Oh ! non, par exemple ! Plus de rencontre !... A tout
prix, il faut éviter cela.

ALEXINA.

Vous ne voulez pas me dire où il se cache?

FRITELLI.

Impossible! Lui-même refuserait de vous voir.

ALEXINA.

Mais pourquoi?

FRITELLI, à part.

Oui, oui! Il n'y a que ce moyen. (Haut.) Parce que sa vue vous ferait horreur.

ALEXINA.

Il a donc bien changé?

FRITELLI, d'un ton lugubre.

Effroyablement. Ce n'est plus le même homme.

ALEXINA.

De quel ton vous me dites cela!

FRITELLI.

Hélas! vous savez qu'il avait juré de frapper le roi.

ALEXINA.

Oui. Eh bien?

FRITELLI.

Eh bien!... Oh! c'est affreux!... Il a tenu son serment

ALEXINA.

Le roi n'est plus?

FRITELLI.

Plus du tout!

ALEXINA.

Grand Dieu! Mais alors, sa vie est en danger.

FRITELLI.

La vie du roi?

ALEXINA.

Eh! non, puisque le roi est mort. Mais la vie de M. de Nangis.

FRITELLI.

Certes. Et c'est bien pour cela qu'il se cache si soigneu-
sement.

ALEXINA.

Le malheureux !

FRITELLI.

Mà, ne craignez rien ! Je veille à son salut.

ALEXINA.

Oui, n'est-ce pas ?

FRITELLI.

Pouvez-vous le demander?

ALEXINA.

Ah ! vous avez un grand cœur.

FRITELLI.

Non, non, je vous assure. Je fais mon devoir tout simplement.

ALEXINA.

Je ferai le mien aussi. Nous le sauverons, allez, nous le
sauverons. Ce cher Nangis !

FRITELLI.

Ce cher Nangis !

> Ils se serrent les mains avec émotion.

SCÈNE V

LES MÊMES, MINKA.

> MINKA, entrant très agitée par le fond à droite.

Ah! monsieur le duc!...

FRITELLI et ALEXINA.

Minka!

MINKA.

Le roi? Où est le roi?

FRITELLI.

Je n'en sais rien.

ALEXINA.

Il doit être à son palais.

MINKA.

Il n'y a point reparu depuis hier. J'en viens. On le cher
che partout.

FRITELLI et ALEXINA.

Qui?

MINKA.

Ses amis et sa garde. Ah! mon Dieu! Où peut-il être?
J'ai pensé que, dans cette hôtellerie, où l'on avait hier
préparé tout pour son départ...

FRITELLI.

Il n'y est pas.

MINKA.

Etes-vous sûr?

Elle remonte vers le fond et va regarder.

FRITELLI, bas à Alexina.

Occupez-la. Ne la laissez pas fureter ici... Sans cela,
le roi... je veux dire Nangis, est perdu.

ALEXINA, bas.

Et vous, où allez-vous?

FRITELLI.

Monter la garde au dehors. (A part.) Et le faire déguer-
pir le plus tôt possible.

Il sort par le fond à gauche.

SCÈNE VI

ALEXINA, MINKA.

ALEXINA, à part.

Si Nangis était d'couvert... je tremble...

MINKA, à part.

Le roi ? Où est le roi ? Ah ! fasse le ciel que mes pres-
sentiments...

NOCTURNE.

Chacune chantant à part.

MINKA.

O rêve éteint ! Réveils funèbres !

ALEXINA.

Quels dangers il court aujourd'hui !

MINKA.

Je me sens rouler dans les ténèbres !

ALEXINA.

Je voudrais être auprès de lui !

MINKA.

Toi, dont la lèvre
Fit fleurir sur la mienne un baiser !

ALEXINA.

Oh ! que ta fièvre,
Fol amour, puisse encor m'embraser !

MINKA.

Dieu clément, sauve-le, je l'aime !
Que plutôt je meure pour lui.

ALEXINA.

Nangis va partir, et je l'aime !
L'espoir entrevu, fantôme vain, s'est enfui

ENSEMBLE.

Hélas : ô tendre rêve !
O toi qui me charmais,
Mort pour jamais !
Ainsi l'aube trop brève
Des beaux jours qu'on rêva
S'en va !

ALEXINA.

Une crainte vague m'oppresse.

MINKA, à genoux devant la niche, à droite.

Mon cœur frémit glacé d'effroi !

ALEXINA, debout derrière Minka.

Mon âme est pleine de détresse.

MINKA.

Je tremble pour les jours du roi.

ALEXINA.

Nangis qui part et sans que même
Je sois là pour lui dire adieu.

MINKA.

O folle ! Il est le roi celui que j'aime ;
Je n'ai plus d'espérance qu'en Dieu !

ENSEMBLE.

Hélas, ô tendre rêve !
Etc.

Minka va s'asseoir près de la table à gauche.

ALEXINA.

Minka, que fais-tu ?

MINKA.

Rien, madame la duchesse, j'attends...

ALEXINA.

Quoi donc?

MINKA.

Des nouvelles du roi... C'est ici qu'il devait venir. Peut-être, y viendra-t-il encore.

ALEXINA.

Il ne viendra pas.

MINKA.

Comment pouvez-vous en être sûre, madame ? Vous savez donc ce qu'il est devenu?

ALEXINA, troublée.

Non; mais puisqu'il voulait fuir... je suppose qu'il a dû le faire, quitter le pays. Et sans doute, il est loin déjà, très loin.

MINKA.

C'est impossible. Quelqu'un l'aurait vu partir. Le bruit s'en serait répandu. Ses amis auraient quelque indice. Et rien, rien !

ALEXINA.

Que crains-tu donc?

MINKA.

Ne vous rappelez-vous pas, madame, que le comte de Nangis a juré de frapper le roi?

ALEXINA, à part.

Grand Dieu!

MINKA.

S'il avait tenu son serment?

ALEXINA, très troublée.

Non, non, ne va pas croire !...

MINKA.

Mais ce trouble! Cette pâleur... Ah! madame, vous le savez, je devine tout, vous le savez! Vous ne voulez pas me le dire... Le roi est mort!

7.

ALEXINA.

Tais-toi, tais-toi!...

MINKA.

C'est donc vrai!... mort! Il est mort!...

Elle sort en courant par le fond à droite.

SCÈNE VII

HENRI, ALEXINA, BASILE.

ALEXINA, à elle-même.

Où peut-être M. de Nangis?

BASILE, paraissant, à droite.

Ah! madame la duchesse, que je suis contrarié! la servante dont j'ai parlé à M. le duc et qui devait conduire M. le comte...

ALEXINA.

Tu dis?

BASILE.

Conduire M. le comte de Nangis....

ALEXINA, à part.

Il est ici. (Haut.) Oui, oui, je sais...

BASILE.

Excusez-moi, madame, vous ne savez pas. La servante est partie pour voir le couronnement à la basilique. Or, c'est elle qui devait servir de guide...

ALEXINA.

Bien, bien, je comprends. (A part.) Oh! à tout prix, il faut que je sauve Nangis. (Haut.) La chambre de ta servante?

BASILE.

De ce côté.

> Il désigne la droite.

ALEXINA.

Viens, je t'expliquerai...

BASILE.

Mais...

HENRI, paraissant, à gauche.

Fritelli tarde bien... et,..

ALEXINA, l'apercevant.

M. de Nangis!

HENRI, même jeu.

Madame la duchesse !

ALEXINA, à Basile.

Va, Basile, je te rejoins.

BASILE.

Oui, madame la duchesse... De plus en plus sans comprendre... mais avec un zèle!

> Il sort par la droite.

SCÈNE VIII

HENRI, ALEXINA.

HENRI.

Vous, duchesse, ici ?

ALEXINA.

Pour vous sauver. J'allais prendre les habits de la servante qui devait vous accompagner.

HENRI, joyeux.

Comment ! vous partez avec moi ?

ALEXINA.

il le faut! Mon mari m'a tout dit...

HENRI, à part.

Que diable a-t-il pu lui dire?

ALEXINA.

Je connais votre crime.

HENRI.

Mon crime?

ALEXINA.

Oui, votre affreux serment semblait vous y obliger, je
le sais. Mais pourtant, vous auriez mieux fait de ne pas
frapper...

HENRI.

Qui donc?

ALEXINA.

Le roi.

HENRI.

Moi, j'ai...

ALEXINA.

Ne le niez pas. C'est inutile. Je vous répète que mon
mari m'a tout dit.

HENRI.

Ah! du moment qu'il vous a tout dit. Mais pourquoi
au fait, vous a-t-il tout dit?

ALEXINA.

Pour m'expliquer que je ne pouvais vous voir, que
vous étiez forcé de vous cacher.

HENRI, à part.

Je comprends! Ce bon Fritelli! (Haut.) Alors, il ne
voulait pas que nous pussions nous retrouver ensemble?

ALEXINA.

Non.

HENRI.

Et comment se fait-il qu'il vous laisse à présent partir avec moi?

ALEXINA.

Mais il n'en sait rien, grand Dieu! C'est moi seule qui, pour vous sauver...

HENRI.

Ah! que vous êtes bonne!

ALEXINA.

Vous ne le méritez guère, cependant. Mais quoi... vous êtes en danger!

HENRI.

Oui, oui, très en danger.

ALEXINA.

Et je n'ai pu me défendre...

HENRI.

Non, non, ne vous défendez pas!

RONDEAU A DEUX VOIX.

ALEXINA.

Ah! d'amour plus un mot!
Mais, partons, il le faut.
Le salut, c'est la fuite.
Partons vite.
Adieu donc, triste honneur
Où j'étais trop contrainte!
Oui, mon cœur bat, mais ce n'est pas de crainte,
Non, non, c'est de bonheur.

HENRI.

Vous m'aimez, je vous aime!
Et le danger vraiment
Pour moi devient charmant,
S'il vous fait fuir vous-même.

ALEXINA.

Ce danger avec vous, je l'aime !
Oui, je n'ai qu'un désir,
Vous voir bientôt choisir
La route la plus brève.

HENRI.

Gagner par la beauté,
Amour et liberté,
N'est-ce pas un doux rêve ?

ALEXINA.

S'il vous plaît de l'avoir,
Voilà mon seul devoir,
Tous les autres, qu'importe !

HENRI.

Votre main dans ma main,
L'amour sur le chemin,
Vous servira d'escorte.

Il l'enlace.

ALEXINA.

Non, non, il faut songer
Tout d'abord au danger
Qui vous menace encore.

HENRI.

Danger délicieux !
Il me ravit aux cieux,
Que votre amour décore.

ALEXINA.

Ah ! les instants sont courts.
Plus de tendres discours !
Ne pensez qu'à vous-même !

HENRI.

Si les instants sont courts,
Au plus pressé je cours.
Je vous aime, je t'aime !

ALEXINA.

Ah ! je n'ai qu'un désir

HENRI.

Nous aimer à loisir !

ALEXINA.

Vous sauver, c'est mon rêve.

HENRI.

Aimons-nous, l'heure est brève.

ALEXINA.

A votre liberté...

HENRI.

Mon amour, ma beauté...

ALEXINA.

Je songe pour vous-même.

HENRI.

Je t'adore ! je t'aime !
Viens, partons! à genoux,
Je t'en prie.

ALEXINA.

Oui, partons ! Hélas! longue est la route.

HENRI.

Ah! si ton cœur m'écoute,
La route est trop brève pour nous.

ENSEMBLE.

ALEXINA.

Oui, partons, il le faut,
Tous les deux, au plus tôt,
Le salut c'est la fuite.
Partons vite.

Nous allons, ô bonheur,
Nous aimer sans contrainte,
Car mon cœur bat, mais ce n'est pas de crainte,
Non, non, c'est de bonheur !

HENRI.

Oui, partons, il le faut,
Tous les deux au plus tôt,
Le salut, c'est la fuite,
Partons vite !
Nous allons, ô bonheur,
Nous aimer sans contrainte,
Car son cœur bat, mais ce n'est pas de crainte,
Non, non, c'est de bonheur !

HENRI.

Ne perdons pas une minute.

ALEXINA.

Le temps de prendre les vêtements de la servante, et
je reviens.

HENRI.

Hâtez-vous.

Il sort par la gauche.

ALEXINA.

Dans un instant.

Elle sort par la droite.

SCÈNE IX

MINKA, puis NANGIS.

DUO.

MINKA, entrant par le fond, à droite.

Il n'est plus, hélas ! celui que j'aime !

Dans mon cœur, c'est le deuil éternel!
Et sa mort, comme un nuage blême,
Assombrit pour moi l'azur du ciel.
Il était mon aimé;
Il était mon soleil de mai;
Son regard à jamais pour le mien s'est fermé!

Ah! peine amère,
Fleur éphémère
De ma chimère,
Je veux te voir au ciel!
Non, non, je ne dois pas lui survivre!
Et dans la mort je veux le suivre!

Elle prend un poignard à sa ceinture et va se frapper, lorsque
Nangis entre par le fond à droite. Elle l'aperçoit et s'écrie
avec joie.
Ah! grand Dieu! Vivant!

NANGIS.

Minka! Minka!

MINKA.

Quoi! c'est lui! C'est bien lui que je vois!
Que ta voix... Non, non, ne me dis rien...
Tu sens bien que ma raison s'envole;
Je suis folle,
Oh! non, ne dis rien.
C'est la flamme, en mon âme,
O réveil!
C'est l'espoir joyeux et vermeil!
En moi c'est le printemps refleuri qui t'acclame,
C'est le rire adoré du soleil!
Sans tes regards aimés pouvais-je vivre!
Non; dans la mort aussi j'étais prête à te suivre.
Mais mon cœur reprend l'essor,
J'ai retrouvé mon trésor!
Ah! je pleure encor, c'est d'ivresse,
C'est de l'extase qui m'oppresse!
Mais je vivrai, tu vivras!

Ta Minka, tu la verras
Vivre et mourir dans tes bras!

NANGIS.

Chère Minka, craignais-tu pour ma vie?

MINKA.

Oui, de vous mettre à mort on a juré.

NANGIS.

Qui donc?

MINKA.

Nangis!

NANGIS.

Nangis? Il n'en a guère envie!...
Ne crains donc rien, pour lui je suis sacré!

MINKA.

Béni soit Dieu, puisqu'il me laisse encore
Revoir celui que j'aime!...

NANGIS.

Et qui t'adore
Et ne veut vivre que pour toi!

MINKA.

Hélas! je suis esclave et vous êtes le roi!

NANGIS, galement.

Je suis le roi c'est vrai, mais bah! qu'importe!
Vois-tu, pour les rois de ma sorte
Le lendemain n'est pas bien sûr!
Puis... quand je serais... roi, qu'importe!
Pour planer dans l'air libre et pur,
L'alouette a l'aile assez forte,
Et si haut que l'aigle l'emporte,
Elle est chez elle en plein azur!

MINKA.

Pour planer dans l'air libre et pur,
L'alouette a l'aile assez forte,

Et si haut que l'aigle l'emporte,
Elle est chez elle en plein azur!

ENSEMBLE.

Pour planer en plein azur,
L'alouette a l'aile assez forte,
Etc., etc.

NANGIS.

Ah! Minka! livre enfin ton cœur
A l'amour qui l'entraîne!

MINKA.

Ta loi, mon doux vainqueur,
C'est la loi souveraine!

NANGIS.

Oui, nous touchons au port!
Ah! le divin transport!

MINKA.

L'espoir pénètre
Dans tout mon être.

NANGIS.

Dans tout mon être,
Le bonheur pénètre.

NANGIS.

Mon cœur est à toi, tu me crois;
Plein d'un amour brûlant comme une lave.

MINKA.

Hélas je suis esclave,
Et vous êtes le roi!..

NANGIS.

Minka, c'est toi, la reine;
Car dans mon cœur,
Ton nom de souveraine
Règne en vainqueur.
Voilà le diadème
Auquel je crois,
Et c'est quand tu me dis: Je t'aime!
Que je suis roi!

MINKA.

Ah! sa voix est la plus forte,
Un tourbillon d'amour m'emporte,
Je suis folle, mais qu'importe!

NANGIS.

O ma Minka chérie, à toi! Toujours à toi!

REPRISE ENSEMBLE.

Pour planer dans l'air libre et pur,
L'alouette a l'aile assez forte,
Et si haut que l'aigle l'emporte,
Elle est chez elle en plein azur!

NANGIS.

Oui, Minka, souris-moi comme hier et sois sans inquiétude pour l'avenir. Demain, aujourd'hui peut-être, ce ti-
tre de roi qui cause ta peine...

MINKA.

Eh bien?

NANGIS.

Je ne le porterai plus.

MINKA.

Ah! tant mieux!... Mais ce n'est pas cela seulement qui
me fait peur. Je tremble pour vos jours surtout. Songez
que M. de Nangis, ce traître, ce félon...

NANGIS.

Je t'en prie, ne me dis pas de mal de M. de Nangis.

MINKA.

Songez qu'il a juré votre mort. Qui sait s'il n'est pas sur
vos traces.

NANGIS, à part.

Si je pouvais être sur les siennes.

MINKA.

Tout à l'heure, ici même, madame la duchesse de Fritelli, croyait que le roi était mort.

NANGIS.

Que dis-tu là! Grand Dieu... qu'est-il arrivé? (Haut.) Courons, Minka. Il me faut la preuve que c'est là une erreur...

MINKA.

Mais la preuve, monseigneur, je l'ai, puisque vous êtes vivant.

NANGIS.

Moi, oui; mais lui, lui...

MINKA.

Qui donc?

NANGIS.

Ah! je ne puis t'expliquer... viens, tâchons de trouver les amis du roi.

MINKA.

Fiez-vous à moi; je connais le pays, je vais vous conduire.

Ils sortent par le fond à droite.

SCÈNE X

ALEXINA, BASILE, puis HENRI, puis FRITELLI.

ALEXINA, paraissant en servante, à la porte de droite avec Basile.

Personne! Hâtons-nous! (A Basile.) Va voir si la carriole est prête.

BASILE.

Oui, madame la duchesse. (A part.) Toujours sans comprendre... mais avec un zèle!...

Il sort par la gauche, deuxième plan.

ALEXINA.

Oui, coûte que coûte, sauvons Nangis. (Allant à la porte de gauche.) Venez, monsieur de Nangis.

HENRI, paraissant.

Ah! duchesse, vous êtes adorable ainsi!

Il l'enlace.

FRITELLI, à la fenêtre du fond.

Alerte! alerte!

TOUS DEUX.

Oh!

Alexina se dirige vers la porte de gauche, deuxième plan.

FRITELLI, entrant en scène par le fond à droite.

Partez vite! La carriole est toute prête, là, dans la cour; la porte donne sur la campagne...

HENRI, à Alexina.

Partez! partez!

Alexina sort par la porte de gauche, deuxième plan.

FRITELLI, à Henri.

Comment! vous lutinez une servante en un pareil moment! quand une minute de retard peut vous perdre!

HENRI.

Me perdre?

FRITELLI.

Eh! oui, les seigneurs français sont sur vos traces, je viens de les voir au tournant de la rue... Les voici... Partez vite!

HENRI.

Les Français!... Nous allons marcher bon train, sois tranquille.

Il sort par la gauche, deuxième plan.

SCÈNE XI

FRITELLI, puis VILLEQUIER, CAYLUS, LIANCOURT, ELBEUF, MAUGIRON, puis MINKA, puis NANGIS.

FRITELLI.

Enfin, je l'éloigne donc de ma femme! Bon voyage, sire!... Ah! je me sens la tête plus libre. Sois tranquille, m'a-t-il dit en partant. Et je suis bien tranquille, en effet. Les seigneurs français peuvent venir, cela m'est égal. La Pologne, la politique, bonsoir! Mon honneur de mari, avant tout! Et là-dessus, je peux dire à présent que je suis tranquille. Oui, sire, oui, je le suis.

Villequier, Caylus, Liancourt, Elbeuf et Maugiron entrent par la porte du fond de droite.

VILLEQUIER, désignant Fritelli.

Ah! c'est lui!

TOUS.

C'est lui!

FRITELLI.

C'est moi, en effet. Que voulez-vous?

CAYLUS.

Tout est découvert.

FRITELLI.

Ah! vraiment, tout est découvert?... Ma, quoi donc?

LIANCOURT.

Le roi n'est plus !

FRITELLI.

Bon! Ce n'est que cela!

MAUGIRON.

Comment! ce n'est que cela, misérable!

FRITELLI.

Je veux dire que vous ne savez pas...

CAYLUS.

Si, nous savons.

FRITELLI.

Quoi?

ELBEUF.

Quel est son meurtrier.

FRITELLI.

Ah! par exemple, je serais curieux de...

LES CINQ.

C'est vous!

FRITELLI, faisant un saut.

Moi!

MAUGIRON.

Oui, vous! Tous les autres conjurés ont été arrêtés ce matin...

LIANCOURT.

Et vous seul êtes libre.

ELBEUF.

Donc, vous êtes le régicide.

CAYLUS.

Et vous allez être...

LES CINQ.

Pendu!

FRITELLI.

Un instant, de grâce! Ne vous pressez pas. Je suis innocent. Le roi existe.

LES CINQ.

Où est-il ?

FRITELLI.

Mà... je n'en sais rien.

VILLEQUIER.

Si vous l'ignorez encore, dans cinq minutes...

LES CINQ.

Pendu!

FRITELLI.

Pendu!

LES CINQ.

Oui.

FRITELLI.

Ah ! je préfère tout vous dire. Eh bien...

LES CINQ.

Eh bien?

FRITELLI.

Il est en carriole.

LES CINQ.

En carriole?

FRITELLI.

Oui, le roi vient de s'enfuir.

MINKA, qui vient d'entrer par le fond à droite.

C'est faux!

TOUS.

Hein?

MINKA.

Ce n'est pas le roi qui s'est enfui...

TOUS.

Qui donc?

MINKA.

C'est le traître qui avait juré de frapper le roi.

VILLEQUIER, à Fritelli.

Votre complice !

FRITELLI.

Mon complice !

MINKA.

Et c'est madame la duchesse qui le conduit.

FRITELLI.

Ma femme !

MINKA.

Oui, je l'ai vue, déguisée en servante.

FRITELLI, s'arrachant les cheveux.

Et c'est moi qui les ai fait partir ! Ah ! courons ! Rat-trapons-les.

TOUS.

Oui, oui.

MINKA.

Ne craignez rien, ils n'iront pas loin. Le roi lui-même, à la tête de sa garde, s'est mis à leur poursuite.

TOUS.

Le roi ?

MINKA.

Oui, messieurs, et à l'heure qu'il est, il a dû rejoindre et arrêter cet infâme traître de Nangis.

TOUS.

Nangis !

FRITELLI.

Mà, voyons, tu es folle, n'est-ce pas ? Messieurs, elle ne sait pas ce qu'elle dit. C'est le roi qui est dans la car-riole.

MINKA.

Du tout, c'est le comte de Nangis.

VILLEQUIER.

Qui faut-il croire ?

FRITELLI et MINKA.

Moi !

On entend la marche des gardes.

VILLEQUIER.

Ah! nous allons enfin savoir...

NANGIS, entrant par le fond.

Voici, en effet, messieurs, la garde qui ramène les fugitifs.

MINKA, triomphante.

Eh bien! Vous voyez que j'avais raison. (Courant vers la fenêtre du fond.) Le voilà, ce faux ami, ce félon, ce traître, cet infâme Nangis...

NANGIS, courant à elle.

Malheureuse!... C'est le roi!

MINKA.

Comment ! le roi ! Mais alors...

NANGIS.

Tais-toi !

SCÈNE XII

Les Mêmes, HENRI, ALEXINA, LA GARDE, BASILE, Les Gens de l'introduction.

Un peloton de gardes paraît, au fond, par la fenêtre. Il est suivi d'une carriole dans laquelle sont Henri et Alexina. D'autres gardes et des

pages les suivent. Henri et Alexina descendent de la carriole, et
pendant le chœur, entrent en scène par le fond à droite, suivis
de gardes, de pages et de gens de l'introduction.

LES SOLDATS.

La garde fidèle,
Au roi ne sait qu'obéir !
La garde modèle
Qu'il ne verra jamais trahir !

LES SEIGNEURS.

Le conseil fidèle
A son roi, ne sait qu'obéir !
Le conseil modèle
Qu'il ne verra jamais trahir !

LES PAGES.

Votre cour fidèle,
Sire, se hâte d'accourir.
Elle fait du zèle
Pour vous défendre et vous servir !

TOUS.

C'est le roi ! C'est le roi !
Qu'on nous ramène !

HENRI.

Hélas, oui ! c'est le roi...
Pour mes vœux quel désarroi !
Quelle fortune inhumaine !
Dire que c'est par toi, Nangis,
Par toi qu'on me ramène.
C'est bien mal !

MINKA, à Henri.

Ne l'accusez pas !
Moi seule ai couru sur vos pas.
Lui qui m'aime il m'a suivie;
Son amitié ne fut pas en défaut.

C'est moi la coupable... ou plutôt...
C'est l'amour qui passe!
Parcourant, libre et grand, tout l'espace!

HENRI.

Allons, puisqu'il en est ainsi,
Beaux amoureux, je vous pardonne.
Pour femme à Nangis je te donne.

MINKA et NANGIS.

Ah! quel bonheur! Sire! merci!

ALEXINA, à Henri.

Qu'ils sont heureux!

HENRI, à Alexina.

Je songe à nous aussi,
Et, comme ils sont heureux, tâchons de l'être...

FRITELLI, à part.

Le voilà roi, nouveau *casus belli...*

HENRI.

Toi, Fritelli,
Je vais te confier une importante lettre.

FRITELLI, tremblant.

Mâ... pour, pour, pour...

HENRI.

Pour ma mère...

FRITELLI.

A Paris!

HENRI.

Oui, mais à ton retour, par royal privilège,
Tu seras...

FRITELLI.

Que serai-je?

HENRI.

Grand maître de ma cour !
Vous le voyez, messieurs, je daigne
Par des faveurs inaugurer mon règne !
Je ne veux pas qu'on connaisse l'ennui
A la cour du roi malgré lui !

LES PAGES, LES SEIGNEURS, LES SOLDATS.

Vive le roi de Pologne !
On doit fêter sans vergogne
Ce bon roi de qui la cour
Sera la cour de l'amour.
Grâce à lui, sur la Pologne,
Un ciel plus doux aura lui.
Et tous chantons aujourd'hui
Vive le roi malgré lui !

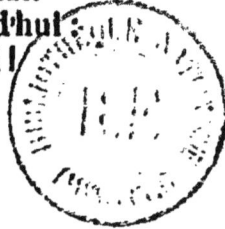

FIN

Imprimerie générale de Châtillon-sur-Seine. — A. Pichat.

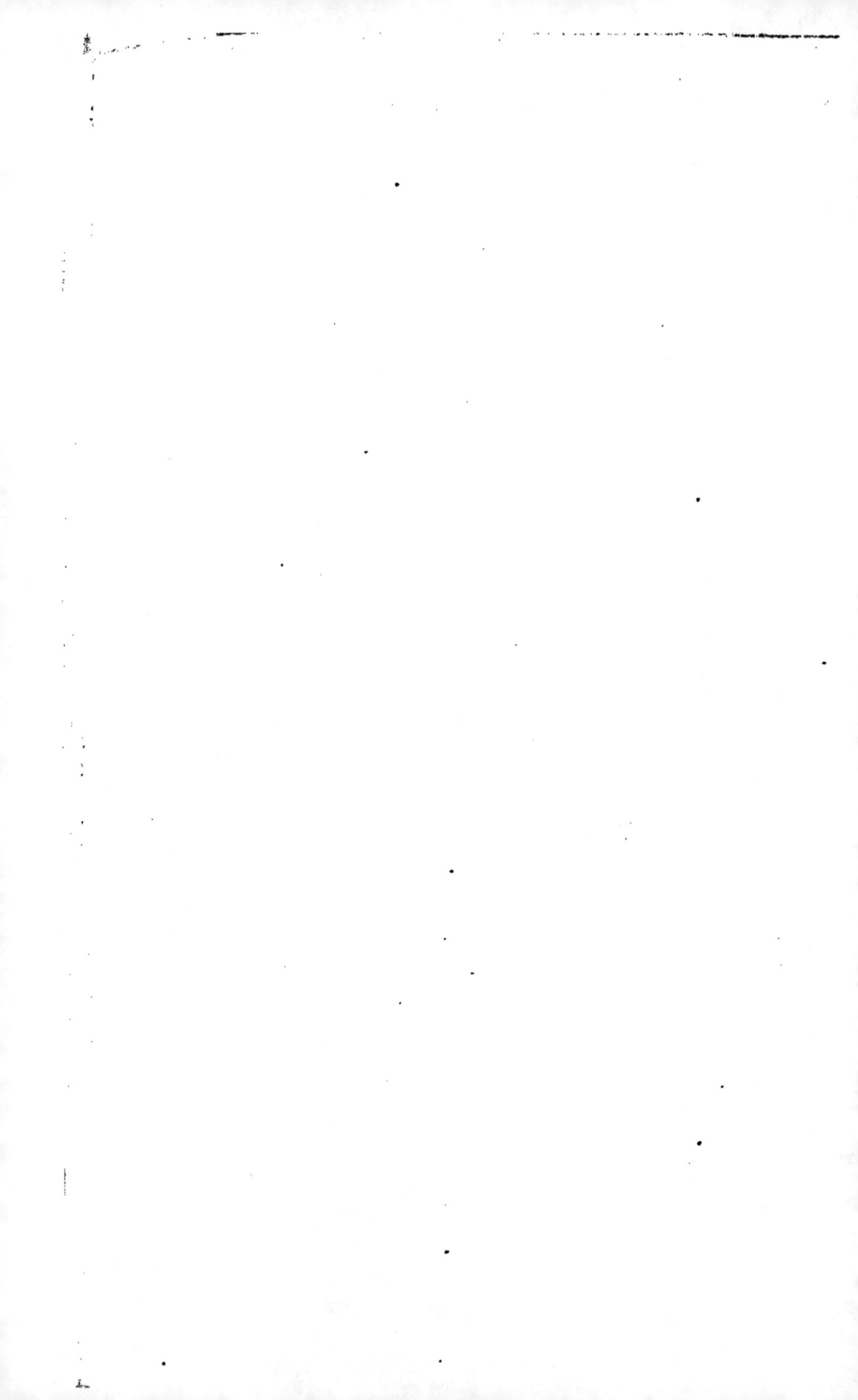

www.ingramcontent.com/pod-product-compliance
Lightning Source LLC
Chambersburg PA
CBHW060138100426
42744CB00007B/824